CREIO

Frei Luiz Turra

CREIO

*Da mente para o coração
e do coração para as mãos*

Dados Internacionais de Catalogação na Publicação (CIP)
Angélica Ilacqua CRB-8/7057

Turra, Luiz
   Creio: Da mente para o coração e do coração para as mãos / Frei
Luiz Turra. – 1. ed. – São Paulo : Paulinas, 2021.
   172 p. (Ensina-nos a rezar)

   ISBN 978-65-5808-076-3

   1. Creio – Oração – Igreja Católica 2. Credos – Igreja Católica
I. Título

   21-2329   CDD - 242

Índice para catálogo sistemático:
1. Oração – Creio   242

1ª edição – 2021

Direção-geral: *Flávia Reginatto*
Editores responsáveis: *Vera Ivanise Bombonatto e*
Antonio Francisco Lelo
Copidesque: *Mônica Elaine G. S. da Costa*
Coordenação de revisão: *Marina Mendonça*
Revisão: *Sandra Sinzato*
Gerente de produção: *Felício Calegaro Neto*
Capa e projeto gráfico: *Tiago Filu*
Imagem de capa: *Healing of the Blind Man –*
The Museum of National History

Nenhuma parte desta obra poderá ser reproduzida ou transmitida
por qualquer forma e/ou quaisquer meios (eletrônico ou mecânico,
incluindo fotocópia e gravação) ou arquivada em qualquer sistema ou
banco de dados sem permissão escrita da Editora. Direitos reservados.

Paulinas
Rua Dona Inácia Uchoa, 62
04110-020 – São Paulo – SP (Brasil)
Tel.: (11) 2125-3500
http://www.paulinas.com.br – editora@paulinas.com.br
Telemarketing e SAC: 0800-7010081
© Pia Sociedade Filhas de São Paulo – São Paulo, 2021

SUMÁRIO

Apresentação 7

Sim, eu creio! 9

Como humano, eu creio em Deus 13

Creio com a ajuda do Antigo Testamento 17

Creio com a ajuda do Novo Testamento 21

Creio em Deus, que crê em mim 25

Creio em Deus Pai 29

Em que Pai eu creio? 33

Creio em Deus Pai com Jesus, seu Filho 37

Creio em Deus Pai todo-poderoso 41

Creio em Deus Pai, criador do céu e da terra 45

Creio em Deus, criador do ser humano 49

Creio em Jesus Cristo 53

Creio em Jesus Cristo, seu único Filho 57

Com São Paulo, creio no Filho de Deus 61

Creio no Cristo Senhor 65

Concebido pelo poder do Espírito Santo 69

Nasceu da Virgem Maria 73

Padeceu sob Pôncio Pilatos 77

Sob o poder político de Pilatos 81

Foi crucificado 85

Morreu na cruz por amor 89

Cruz e morte e o cristianismo 93

Sepultado, desceu à mansão dos mortos 97

Ressuscitou ao terceiro dia 101

Cremos na ressurreição 105

Subiu aos céus; está sentado à direita de Deus Pai 109

Virá julgar os vivos e os mortos 115

No entardecer da vida, seremos julgados pelo amor
(São João da Cruz) 121

Creio no Espírito Santo 127

Crer no Espírito Santo que age em nós 131

Creio na santa Igreja Católica 135

Crer e ser Igreja, comunidade de amor 139

Creio na comunhão dos santos 143

Creio na remissão dos pecados 149

Crer e acolher a remissão dos pecados 153

Creio na ressurreição da carne 157

Creio na vida eterna 161

"Amém" 167

APRESENTAÇÃO

Não importa a quantidade de páginas de um livro. Seja como for, precisa ter alma. E a alma de uma obra vale muito pela motivação com que foi efetivada. As Irmãs Paulinas sempre estiveram atentas em oferecer subsídios de formação humana e cristã aos destinatários de sua missão. A preciosa *Revista Família Cristã*, que agora assumiu uma renovada forma de comunicação, por muito tempo publicou reflexões sobre os artigos do "Creio". Estes, mensalmente, foram sendo oferecidos aos leitores da mencionada revista.

Ao ser convidado a colaborar nesta missão, respondi favoravelmente, com a intenção de servir e ampliar o conhecimento desse inesgotável tesouro que é o Símbolo dos Apóstolos. Confesso que, a cada artigo que ia escrevendo, aumentava em mim o encantamento por esta oração, tão antiga e sempre nova. Aqui me lembrei de uma parte da oração de São Francisco: "É dando que se recebe". Se foi uma responsabilidade colaborar, foi muito maior a graça recebida por tantas luzes que vieram se acendendo no caminho para minha vida e missão.

Também em relação ao estudo do "Creio", vale a sugestão franciscana de fazer um caminho da mente para o coração e do coração para as mãos. O caminho de volta também ajuda: das mãos ao coração e do coração para a mente. O conhecimento acolhido com cordialidade torna a ação mais humana, simples e fecunda. A prática, movida a coração e iluminada pela mente, se torna cada vez mais verdadeira, contribuindo com a realização da pessoa. O que está escrito sobre o "Creio" deseja contribuir para que o leitor tente fazer este caminho.

Paulinas Editora reúne agora todos os artigos escritos pelo autor, para oferecer um subsídio a serviço da formação inicial e permanente. Os conteúdos desta obra podem contribuir muito para fazer desta oração uma escola de vida e fé. Em cada palavra ou frase do "Creio", há mais luz do que parece. Basta superar a frieza da fórmula para torná-lo uma verdadeira oração.

Frei Luiz Turra
Capuchinho

SIM, EU CREIO!

Como pessoas conscientes e de coração aberto, como Igreja viva, sempre necessitamos de novas luzes para prosseguirmos no percurso da fé. Por esse motivo, vamos repensando, meditando e tentando aprimorar o meu e o nosso "Creio". Parte por parte, vamos refletindo e rezando o símbolo apostólico romano.

O texto que iremos estudar e aprofundar tem origem nas cateequeses batismais do século II. Santo Ambrósio oficializou o nome de *Símbolo dos Apóstolos*, por ser um reflexo da Igreja dos tempos apostólicos, que privilegia os aspectos históricos e concretos da vida de Jesus.

Por ser uma fórmula orante, tão antiga e sempre nova, constantemente está sujeita a tornar-se vítima de um formulismo frio e mecânico. Ao ser recitado com a mente, sem passar pelo coração e iluminar nossas ações, o "Credo" também pode cair na rotina e no vazio. Quando isso acontece, oculta-se a relevância do significado e rouba-se a densidade sacramental das palavras, frases e até mesmo de seu todo. A meditação do "Credo" tem uma clara intenção: ajudar para que o "Creio" se torne uma proclamação de fé viva, comprometida e transformadora, tanto em nível pessoal como comunitário.

Destacamos que a primeira experiência no ato de crer não se faz com a inteligência. Em um primeiro momento não cremos em conhecimentos. A fé parte do movimento do coração. Crer vem do verbo latino *credere*, expressão que tem dentro de si *cor-dare*, isto é, "dar o coração". Aí está a experiência dos discípulos de Emaús, que abrem os olhos porque seus corações ardiam no caminho, quando Jesus explicava as Escrituras. Então, reconhecem-no ao partir o pão (cf. Lc 24,32).

DECIDIDAMENTE, "EU" CREIO!

Que motivo nos leva a começar a oração do "Creio" em primeira pessoa do singular? Por que não começamos com o "Cremos", já que esta é uma oração oficial da Igreja e rezada na comunidade? Não faltam perguntas similares aos que participam dos encontros de Iniciação Cristã, especialmente quando ensaiam o rito da renovação das promessas batismais. Por que responder "creio" e não "cremos" às perguntas que nos são feitas no momento? Na palavra "amém", pronunciada pelo crismando, após a unção; na palavra "amém", de todo cristão, ao receber o Corpo de Cristo na Eucaristia, está o "Eu creio" em primeira pessoa.

Na verdade, é bom lembrar que a fé é um ato decisivamente pessoal. "Ninguém substitui a liberdade do outro nem a singularidade do ato de crer" (Pe. João Batista Libânio). São Paulo afirma: "Pois é acreditando de coração que se obtém a justiça, e é confessando com a boca que se chega à salvação. Pois a Escritura diz: 'Todo aquele que acredita nele, não será confundido'" (Rm 10,10-11).

A palavra que eu digo convictamente pode não ser pronunciada com todo seu significado ou na intensidade do compromisso. Porém, se a repito de coração, certamente vai reforçando a convicção pessoal e me impelindo a vivê-la de modo sempre mais autêntico e real, no dia a dia da vida.

CREIO *Da mente para o coração e do coração para as mãos*

VIVENDO O "CREIO" EM NOSSOS DIAS

Quando, em nossos dias, eu afirmo: "Creio!", que ressonância acontece dentro de mim? Quando afirmo que creio diante da comunidade, o que me provoca essa corajosa afirmação e o que significa para a comunidade? Quando me ponho em diálogo com Deus e a ele declaro meu "Creio", que reação eu sinto e qual poderia ser a resposta dele a mim? Com razão, Kierkegaard afirma: "A pessoa não se prepara para o cristianismo pela leitura de livros ou pelas perspectivas histórico-mundiais, mas pelo aprofundamento na existência".

O que é circunstancial muda e diversas vezes passa para o esquecimento, mas o que é fundamental permanece. O "eu creio" em nossos dias pode sofrer os abalos das circunstâncias, mas estará sempre vivo no coração dos humanos. Em meio às mais sombrias tentações, há sempre uma nostalgia de um ideal de perfeição humana.

Nos tempos pós-conciliares, Karl Rahner registrou uma frase lapidar, que ressoa também em nossos tempos: "O cristão de amanhã, ou será um místico, alguém que já experimentou algo, ou já não será nada, porque a experiência religiosa de amanhã não estará mais sustentada por uma convicção pública unânime e evidente, nem por costume religioso geral". Não vivemos mais em regime de cristandade!

PARÁBOLA DA ÁRVORE SOLITÁRIA

A natureza nos ensina! Uma antiga castanheira vivia em uma imensa floresta, em alta montanha. Naquele lugar não faltavam ventos fortes e frequentes. Por ser densa, a floresta garantia a defesa de cada árvore, que se sentia amparada e segura, uma ao lado da outra. Mas um ousado agricultor, sabendo que a terra da floresta era muito fértil, resolveu impiedosamente derrubar as árvores; porém, decidiu poupar a castanheira e deixá-la, por ser de estimação.

A castanheira viu-se sozinha e desamparada na solidão da montanha. A princípio, a crise natural a deixou ameaçada de morte e totalmente deslocada de seu ambiente, embora ficasse no mesmo lugar. Não restava outra reação senão entregar-se à desolação e à morte. Contudo, à medida que o tempo passava e o vento a ameaçava, a castanheira foi aprofundando e firmando suas raízes, de tal sorte que a reação lhe deu garantia de ir se tornando uma presença sempre mais elegante e admirada naquela montanha.

Hoje, o meu "Creio" não pode depender do "Creio" dos outros. Eu preciso crer por mim, firmar as raízes da fé por mim. Crendo, posso contagiar a comunidade e a comunidade, por sua vez, pode me estimular a crer.

Como humano, eu creio em Deus

O movimento da fé nunca começa por mim. A fé não é uma elaboração humana. Poder dizer "creio em Deus" é um dom, é uma graça, a qual não dispensa, porém, a nossa responsabilidade, tanto pessoal como comunitária de aderir, acolher, cultivar e desenvolver esse dom que dignifica nossa existência e nossas relações. Começamos acenando alguns aspectos humanos de nossa relação a partir do "Creio em Deus".

DEUS EM NOSSA EXPERIÊNCIA MAIS ÍNTIMA

Santo Agostinho dizia: "Deus é mais íntimo a nós do que nós a nós mesmos!". Esta realidade se dá mesmo que a pessoa não perceba nem a reconheça como tal. A categoria "presença" de Deus nos precede. Considerando-se crente ou não crente, Deus se dá a todos. Na turbulência da vida, Agostinho descobre que Deus o esperava e nunca tinha deixado de ser o primeiro a procurá-lo. A inquietação humana por Deus tantas vezes se faz sentir misturada com nossos desenganos de seres finitos, carregados de desejos infinitos.

O meu e o nosso "Creio em Deus" pode ser despertado, existencialmente, dentro do realismo de nossas humanas inquietações. Deus não nos atropela! Ele fica sempre esperando, até mesmo feito mendigo a bater em nossa porta. "Eis que estou à porta e bato: se alguém ouvir a minha voz e abrir a porta, entrarei em sua casa e cearei com ele, e ele comigo" (Ap 3,20). Com razão, depois de abrir a porta da mente e do coração, Agostinho pôde dizer: "Tarde te amei, ó beleza tão antiga e sempre nova! Eis que estavas dentro de mim e eu fora. Estavas comigo e não eu contigo. Exalaste perfume e respirei. Agora anelo por ti. Provei-te e tenho fome e sede. Tocaste-me e ardi por tua paz".

Os modos de despertar o "Creio em Deus" acontecem por caminhos diversos. Uma é a experiência do apóstolo Paulo, outra é a de Agostinho; outra ainda a de Francisco de Assis e de Inácio de Loyola. É bom conhecermos o livro *A linguagem de Deus*, de Francis S. Collins, diretor do projeto Genoma. A partir de sua experiência, ele nos ajuda a perceber que é plenamente possível a reconciliação e a harmonia entre Deus e a ciência.

DEUS É MAIOR DO QUE PODEMOS PENSAR E AMAR

Dizemos que cremos em Deus, mas tantas vezes brigamos com ele ou preferimos deixá-lo de lado! Facilmente somos levados a certa rebeldia, porque não entendemos isso ou aquilo, porque não foi dada resposta imediata ao que pedíamos e até mesmo porque nos deparamos com nossos limites humanos.

Nosso "Creio" não nos permite manipular Deus ao tamanho de nossas conveniências, nem à verdade, ao bem e à beleza que pressentimos em Deus. Por nossas capacidades captamos reflexos, mas somos sempre limitados. Essa realidade nos põe em tensão para o absoluto. São Francisco de Assis, debatendo-se nos tantos

CREIO *Da mente para o coração e do coração para as mãos*

limites seja das glórias humanas, seja da fugaz herança paterna, da saúde e da liberdade, deu-se conta e saiu proclamando: "Meu Deus e meu tudo!". E São João da Cruz convenceu-se de que é o Deus presente e ausente que nos atrai para si, promovendo esse incessante dinamismo de nosso coração.

DEUS NÃO ESTÁ LONGE DE CADA UM DE NÓS (CF. AT 17,27)

O discurso de Paulo no Areópago de Atenas também nos confirma a proximidade de Deus: "Nele vivemos, nos movemos e existimos [...]. É ele quem a todos dá vida, o movimento e o ser" (At 17,25b-28). Essa proximidade que nos é concedida em relação ao infinito é que possibilita a nossa liberdade; caso contrário, o ser humano se aprisionaria em uma redoma de morte. Assim, Deus se faz o sentido do aqui e agora e o norte definitivo da vida de cada ser humano.

A convivência com a idolatria torna-se fonte de todas as injustiças. Só no Deus verdadeiro nos tornamos capazes de relativizar todo o interesse egoísta e impedir que ele se sacralize diante dos direitos dos outros. Deus é a fonte da verdadeira moralidade e dignidade. O nosso "Creio em Deus" representa uma exclamação exultante diante de um mundo que tem sentido, que não é absurdo, que não é vazio; então, é uma resposta amorosa e misteriosa ao ser humano.

Crer em Deus deve significar e proclamar o júbilo do sentido da vida e de todas as coisas. Ele nunca pode ser desligado da pessoa, do seu trabalho, das aspirações e lutas humanas. Deus não é uma afirmação cômoda, mas uma exigência ilimitada de verdade, amor, justiça e serviço.

DEUS E O MISTÉRIO DA EXISTÊNCIA QUE VAI PARA A MORTE

Deus é o grande silêncio diante do qual o ser humano se encontra pela morte. Aqui nos encontramos com o mistério do ser. Não é de estranhar que muitas propostas religiosas tenham partido da morte, como o vértice, a partir do qual encaramos a trajetória da vida na história. A propósito dessa realidade, Rabindranath Tagore nos deixa um significativo poema: "Ao romper do dia, ó Senhor da vida, apresentar-me-ei a ti! Juntando as mãos, ó Deus da terra, apresentar-me-ei a ti! Na imensidão do céu, na intimidade do silêncio, na simplicidade do coração, com lágrimas nos olhos, apresentar-me-ei a ti! Na vastidão do universo, no mar imenso do trabalho, perdido na multidão, apresentar-me-ei a ti". Na minha vida, ao término dos meus dias, ó Senhor dos Senhores, em silêncio, apresentar-me-ei a ti!".

CREIO COM A AJUDA DO ANTIGO TESTAMENTO

"A Bíblia inteira narra o revelar-se de Deus à humanidade; toda a Bíblia fala de fé e ensina-nos a fé, narrando uma história em que Deus faz progredir o seu projeto de redenção, tornando-se próximo de nós, humanos, através de muitas figuras luminosas de pessoas que acreditam nele e a ele se confiam até à plenitude da revelação no Senhor Jesus" (Bento XVI, Audiência geral, 23/01/2013).

Se toda a Bíblia fala de Deus, não o faz com a preocupação de provar-nos, de forma especulativa, a existência ou as características divinas, mas o faz para que reconheçamos a sua presença em todas as suas obras e na história humana. "Como o perverso é arrogante de rosto e incapaz de refletir: Deus não existe! Tudo não passa de devaneios" (Sl 10,4). Assim, é considerado estulto e de má-fé aquele que confirma que Deus existe, mas se manifesta indiferente aos sofrimentos humanos.

ABRAÃO, NOSSO PAI NA FÉ

A Carta de Paulo aos Hebreus acende luzes ao nosso "Creio em Deus" acenando para as grandes figuras bíblicas, e, evidentemente, começando por Abraão. "A fé é o fundamento da esperança, é uma certeza a respeito do que não se vê" (Hb 11,1). O olhar da fé nos leva a ver o invisível e a despertar o coração para esperar além de toda esperança, assim como a Carta aos Romanos afirma em relação a Abraão, "que acreditou contra toda esperança" (Rm 4,18).

A Carta aos Hebreus apresenta Abraão deste modo: "Foi pela fé que Abraão, obedecendo ao apelo divino, partiu para uma terra que devia receber como herança. E partiu sem saber para onde ia. Foi pela fé que ele habitou na terra prometida, como em terra estrangeira, habitando ali em tendas com Isaac e Jacó, co-herdeiros da mesma promessa. Porque tinha a esperança assentada sobre os fundamentos eternos, cujo arquiteto e construtor é Deus" (Hb 11,8-10). Deus pede a Abraão que parta: "Deixa a tua terra, a tua família e a casa de teu pai e vai para a terra que eu te mostrar" (Gn 12,1).

Abraão parte no escuro, mas a escuridão é iluminada pela luz da promessa. Sua caminhada é paradoxal. Como ser pai de um grande povo, se sua esposa era estéril? Como chegar a uma nova pátria, se, como estrangeiro, só podia dispor de um lote de terra para sepultar Sara (cf. Gn 23,1-20)? Como ter descendentes tão numerosos como a areia da praia do mar, se lhe é pedido o sacrifício do filho único, Isaac?

Quando proclamamos "Creio em Deus", dizemos como Abraão: "Confio em ti", mas não apenas nas horas de aperto e em algum momento da semana. Dizer "Creio em Deus" significa fundar sobre ele a minha própria vida, é deixar que sua Palavra me oriente todos os dias, nas escolhas concretas, sem medo de perder algo de mim e até mesmo de ter de andar na contramão da maioria.

"CREIO EM DEUS" NO MONOTEÍSMO

Preservar a verdadeira concepção de Deus no monoteísmo torna-se um desafio imenso diante do forte atrativo das formas de culto dos vizinhos pagãos. Israel não pode se comportar como os outros povos, porque Deus fez com ele uma aliança no tempo de Moisés (cf. Ex 24,1-11), depois das primeiras promessas a Abraão (cf. Gn 24,1-11). Quando o povo de Israel esquece essa aliança, é sempre chamado a retornar ao seu Deus com uma vida de santidade. "Sede santos, porque eu sou santo" (Lv 11,44).

A presença de Deus na história do povo de Israel é vivida e sentida de modo muito familiar. Com frequência era descrita e apresentada em formas e qualidades humanas, e, por que não dizer também, defeitos humanos. Isso acontecia sem negar ou esquecer sua absoluta transcendência.

Para confirmar esses antropomorfismos, trazemos algumas citações: "Deus é o santo" (Is 6,3). O único existente: "Eu sou aquele que sou" (Ex 3,14). Não precisa prestar contas a ninguém de suas ações: "Quem pode determinar a conduta dele, ou quem lhe pode dizer 'Está praticando injustiça?'" (Jó 36,23). "Ai daquele que, sendo apenas um vaso de barro, se atreva a discutir com aquele que o modelou [...]" (Is 45,9-13). Deus está atento e solícito às suas criaturas, mais do que uma mãe. Sião dizia: "Javé me abandonou, o Senhor me esqueceu! Por acaso uma mulher se esquecerá da sua criancinha de peito? Pode ela deixar de amar o filho de seu ventre? Ainda que ela se esqueça, eu não me esquecerei de ti" (Is 49,14-15).

A reflexão do Antigo Testamento, longe de contrapor-se à do Novo Testamento, abre-se à revelação mais completa de Deus, que nos é feita por Jesus Cristo. "Ninguém jamais viu a Deus, mas o Filho único, que está junto do Pai, o revelou a nós" (Jo 1,18).

CRER EM DEUS ONTEM, HOJE E SEMPRE

"Creio em Deus" perpassa os séculos e milênios, não como uma fórmula de conveniência, mas como uma profissão de fé que se torna a espinha dorsal da história humana. É o povo de Deus em constante aliança com seu Deus. É Deus em aliança fiel com seu povo. Afirmar "Creio em Deus" anima-nos a partir, a sair de modo incessante de nós mesmos.

"Partir como Abraão, para levar à realidade cotidiana em que vivemos a certeza que nos vem da fé, a certeza da presença de Deus na história, também hoje. Esta presença nos traz vida e salvação, abrindo-nos a um futuro com ele, para uma plenitude de vida que nunca conhecerá ocaso" (Bento XVI, Audiência geral, 23/01/2013).

CREIO COM A AJUDA DO NOVO TESTAMENTO

É uma graça poder proclamar: "Creio em Deus" com a ajuda do Novo Testamento, pois nele se encontra a luz maior para nossa relação de fé na vida cotidiana e na história. Essa luz vai nos revelando, de forma mais transparente, a Deus, e nos é garantida em Jesus. "Ninguém jamais viu a Deus, mas o Filho único, que está junto do Pai, o revelou a nós" (Jo 1,18).

O Novo Testamento, sem descuidar do ensinamento sobre a transcendência de Deus e sua presença na história, apresenta-nos, de maneira mais incisiva, clara e aprofundada, o amor de Deus em ação e a decorrente responsabilidade de quem é amado e deve amar também o próximo. O "Creio em Deus", de imediato, nos coloca em sintonia com a gratuidade do amor que está no coração da vida cristã. São João é o mestre a nos ensinar que Deus não só tem amor como também é amor. Crer nele é crer no amor e nos comprometermos a amar.

"Amados, amemo-nos uns aos outros, porque o amor vem de Deus. Todo aquele que ama nasceu de Deus e conhece a Deus. Quem não ama, não conhece a Deus, porque Deus é amor. Nisso se tornou visível o amor de Deus entre nós: Deus enviou seu Filho único ao mundo, para podermos viver por meio dele. E nisto está o amor: não é que nós tenhamos amado a Deus, mas foi ele que nos amou primeiro e enviou seu Filho para expiação de nossos pecados. Amados, se Deus nos amou tanto, também nós devemos amar-nos uns aos outros" (1Jo 4,7-11).

O "Creio em Deus", conforme o Novo Testamento, nos liberta de conceitos vagos de Deus e nos põe em uma relação amorosa e responsável diante do mundo. "Pois Deus amou tanto o mundo que deu o seu Filho único, para que não morra quem nele crer, mas tenha a vida eterna. Porque Deus não enviou seu Filho para condenar o mundo, mas para que o mundo seja salvo por ele" (Jo 3,16-17).

O Novo Testamento já engloba de modo evidente, no "Creio em Deus", as três pessoas da Santíssima Trindade e nos faz conhecer a Deus como Pai, Filho e Espírito Santo. Completa-se, assim, a progressiva revelação que nos introduziu no mistério divino: "Muitas vezes e de muitos modos, Deus falou no passado aos nossos pais pelos profetas; agora, nestes dias, que são os últimos, falou-nos por meio de seu Filho, a quem constituiu herdeiro de todas as coisas e pelo qual fez os séculos" (Hb 1,12).

CREIO NO DEUS ÚNICO E VERDADEIRO

Ao falar de Deus, Jesus pensa no Deus de nossos pais: de Abraão, Isaac e Jacó. É Javé, o Deus do povo de Israel. Este é o único Deus. Fora dele não há outro. A fé em um Deus único é comum a judeus, cristãos e muçulmanos. Essa fé pode ser o ponto de convergência para melhor compreensão e solidariedade. Um único Deus deveria ser o argumento imbatível de superação das históricas hostilidades. Essa fé monoteísta, mesmo que não represente um programa social, tem profundas consequências sociais.

CREIO *Da mente para o coração e do coração para as mãos*

Jesus não funda uma nova religião. Ele segue a tradição profética. Ao falar do Reino e da vontade do Pai, Jesus parte sempre da ideia do mesmo Deus do Antigo Testamento. Ele não perde tempo em elaborar doutrinas ou defender dogmas. Não considera Deus como "objeto" de raciocínio, mas busca viver em permanente sintonia com sua vontade, em confiante obediência. Resume toda a Lei e os profetas no mandamento do amor a Deus, acima de tudo, e no amor ao próximo.

CREIO NO DEUS DE ISRAEL E DE JESUS

Como cristão, creio em Deus, Javé. O "Creio" do Novo Testamento não se relaciona a outro Deus. Javé é o Deus dos judeus, o Deus de Jesus e o Deus dos cristãos. O diferente não está na pessoa de Deus, mas no modo de experiência com que cultivamos a relação com Deus. Jesus é quem nos permite perceber e nos relacionar com Deus, Javé, de modo novo e verdadeiro. É Jesus que corrige, aperfeiçoa e revela plenamente o Deus de Israel e o nosso Deus. "Ninguém conhece o Filho, senão o Pai. E ninguém conhece o Pai, senão o Filho e aquele a quem o Filho o quiser revelar" (Mt 11,27b).

PURIFICAÇÃO DAS IMAGENS DE DEUS

A forma como nós cristãos representamos a Deus acaba determinando nossa representação junto aos outros. Um Deus juiz, vingador, mais propenso a condenar do que a salvar, o Deus da majestade, não só pode comprometer nossa relação pessoal como afetar o nosso modo de presença e o nosso anúncio junto aos outros.

Só a partir de Cristo podemos purificar a imagem de Deus. O Deus de Jesus Cristo é o Deus humilde e pobre, frágil e vulnerável. Não se apresenta na força, nem no poder, nem no exercício de uma transcendência que nos oprime, mas no choro da criança de Belém e no grito do Crucificado.

"Por isso é importante que a teologia nos ajude a fazer um exercício crítico em relação às imagens de Deus, que precisam ser purificadas, para que a nossa inserção no mundo traduza o Deus de Jesus Cristo, e não um Deus que a própria vida de Cristo veio negar" (Cardeal José Tolentino Mendonça).

O "Creio em Deus" nos deixa inquietos diante de tantos que perderam a fé e se tornaram ateus, porque reagem contra uma representação religiosa arcaica, moralista, sentimental, infantil ou egoísta. O magistério de muitos Papas, especialmente Francisco, nos ajuda no encontro e na vivência do verdadeiro "Creio em Deus".

CREIO EM DEUS, QUE CRÊ EM MIM

Em nossos primeiros diálogos sobre o Creio, começamos um caminho aderindo à proposta cristã e afirmando: "Sim, eu creio", em primeira pessoa. Com a ajuda de Santo Agostinho, nós nos damos conta de que, pelo fato de nos reconhecermos humanos, sentimo-nos finitos, com nossas inquietações infinitas. Com a ajuda do Antigo e do Novo Testamento, percebemos que o "Creio" não é uma fórmula improvisada e fria, mas uma relação viva de uma história humana habitada por Deus.

Esse passo seguinte quer ser um ensaio do coração, que é maior do que a nossa inteligência. Como dizia Pascal: "É o coração que sente Deus e não a razão". Esse passo pode parecer ousado, porém necessário. Hoje, como nunca, o mistério da existência humana se vê tão maltratado pela indiferença e tão vulgarizado pela cultura da morte.

Em nossos dias, há uma urgente necessidade de buscarmos na raiz da dignidade humana o argumento do verdadeiro sentido da vida, da autoestima, e a justa medida de nossas relações redimidas. Com muita facilidade nos deixamos vencer pelas aparências e nem sempre conseguimos ultrapassar a superfície das coisas, fechando assim os ouvidos ao apelo à profundidade que brota continuamente de nossa consciência. "Creio em Deus que crê em mim!"

DEUS ENTUSIASMOU-SE

Quando Deus criou o ser humano à sua imagem e semelhança, o Gn 1,26-31 não esconde o entusiasmo do Criador no sexto dia. No entusiasmo revelado, percebe-se a grandeza do ser humano e a expectativa confiante de Deus neste ser que se apresenta como obra-prima de sua criação. Se for tão grande a fé que Deus põe no ser humano a ponto de suscitar tamanho entusiasmo, parece não acontecer o mesmo com o ser humano em relação a si mesmo. O mundo contemporâneo experimenta:

- *A cultura da medida injusta:* facilmente se atribui mais valor às coisas e aos animais do que ao ser humano;

- *A cultura do descarte:* "Afeta tanto os seres humanos excluídos como as coisas que se convertem em lixo" (*Laudato Si'*). O Papa Francisco denuncia profeticamente essa cultura que "prefere os poderosos e considera inúteis os pobres; que marginaliza os idosos, considerando-os improdutivos [...]. Deus não descarta nenhuma pessoa, ama todos, vai em busca de um por um. Deus não conhece a palavra 'descartar', porque é todo amor e misericórdia. O estilo de Deus e seu agir é aquele de quem vai em busca dos filhos perdidos para depois festejar o reencontro junto com todos".

- *A cultura da violência e da morte:* A crescente desvalorização da vida humana, gerada pelos sistemas iníquos que oprimem a humanidade, parece confirmar a atualidade da célebre frase do filósofo inglês Thomas Hobbes: "O homem

CREIO *Da mente para o coração e do coração para as mãos*

é lobo do homem". Aí está a terceira guerra mundial esparramada nos tantos focos de terrorismo e organizações mafiosas, na prepotência da corrupção e na marginalização das multidões sem vez e sem voz.

RETOMANDO O ENTUSIASMO PELA VIDA

Na segunda metade do século XX, a humanidade presenciou e viveu um momento forte de entusiasmo e encantamento, decorrente do progresso científico e técnico. Não faltaram vozes que proclamavam, em alto e bom som, a morte de Deus. A onda de secularismo parecia inundar de encanto o cenário mundial. Não demorou muito para que o coração humano se desse conta de que os meios sofisticados estavam gerando fins equivocados. Então: "Um rumor de anjos" (Peter Berger) ia denunciando o sufoco do ser humano, que clamava por respirar o sobrenatural.

Hoje, para podermos retomar o entusiasmo pela vida precisamos procurar um ponto de partida a ser encontrado: "Creio em Deus que crê em mim". A experiência da vida confirma os efeitos ótimos ou péssimos que podem surgir em quem é acreditado ou desacreditado. Se humanamente é tão importante saber-se acreditado e tão deprimente saber-se não acreditado, quanto mais no nível religioso. "O ser humano não se prepara para o cristianismo pela leitura de livros ou pelas perspectivas histórico-mundiais, mas pelo aprofundamento na existência" (Søren Kierkegaard). Aprofundando o sentido da existência humana, encontramos a luz da verdade que ilumina todo ser humano que vem a este mundo.

O ITINERÁRIO DA FÉ

A característica mais notável do cristianismo traduz-se na acolhida de Deus amor, que vem ao nosso encontro em Jesus Cristo. Deus é amor e amar é tomar a iniciativa. No itinerário da fé, o primeiro passo é dele, não é o nosso. São João nos ajuda a entender isso, quando nos afirma: "[...] foi ele quem nos amou primeiro e enviou seu Filho para expiação de nossos pecados" (Jo 4,10).

O passo seguinte é nosso e se dá na direção dos irmãos, em quem devemos crer como Deus crê em nós. "Amados, se Deus nos amou tanto dessa forma, também nós devemos amar-nos uns aos outros" (Jo 4,11). Crer em Deus é acolhida da credibilidade que ele dispensa permanente a mim e a nós, no amor e na misericórdia.

CONCLUSÃO

Na vivência do meu "Creio em Deus que crê em mim", sou chamado a me libertar do temor e passar sempre mais para o amor. Não é possível crer em um Deus que me exige uma prosternação de escravos. "Não vos chamo servos [...], mas amigos [...] fui eu que vos escolhi" (Jo 15,15-16).

CREIO EM DEUS PAI

Seguindo nossa reflexão sobre o "Creio", vamos nos deter, rezar e contemplar a presença e ação de Deus como *Pai*. É possível que a palavra pai em nosso mundo pessoal carregue marcas de experiências humanas que nos dificultem o encantamento de uma relação filial. Cada humano tem sua história, mas, em nossa profissão de fé, somos chamados a superar tudo o que nos dificulta para estabelecer um encontro familiar e filial. Assim, vamos além da fórmula e entramos no coração de Deus, de quem viemos, em quem vivemos e para quem retornamos.

DEUS PAI NO ANTIGO TESTAMENTO

Ao contrário dos deuses mitológicos dos cananeus, o Deus bíblico nos confirma uma paternidade espiritual. Ele é Pai por ser a origem e o criador do mundo e dos homens. "Mas agora, Javé, tu és o nosso Pai. Nós somos barro, e tu és o nosso oleiro. Todos nós somos obras de tuas mãos" (Is 64,7). "Por acaso, não temos todos nós um único pai que nos criou? Então, por que nos enganamos uns aos outros, profanando assim a aliança de nossos pais?" (Ml 2,10).

Mesmo que a expressão "pai" seja pouco empregada, referindo-se a Deus no Antigo Testamento, sabe-se de uma relação extraordinária de Deus com Israel, seu povo eleito. Essa relação, naturalmente, está implícita nos textos onde Israel é tratado como filho. Javé disse a Moisés: "Então você dirá ao faraó: 'Assim diz Javé: Israel é meu filho primogênito e eu tenho dito a você que deixe meu filho sair a fim de me servir'" (Ex 4,22). Deus começa a ser Pai e protetor de seu povo. Israel passa a ser primogênito de Deus por predileção e por sua missão no mundo.

A partir do exílio, do meio das provações e tribulações, os judeus piedosos estreitam suas relações com Deus e passam a considerá-lo como Pai afetuoso dos pobres e humildes. Da paternidade genérica, passa-se a uma conotação mais pessoal e calorosa. "Se realmente o justo é Filho de Deus, Deus os ajudará e o libertará da mão de seus adversários" (Sb 2,18).

DEUS PAI NO NOVO TESTAMENTO

O "Creio em Deus Pai", conforme o Novo Testamento, assume uma nova atitude básica, passando do temor para o amor. A grande inovação de Cristo é sua intimidade com o Pai e a confiança filial que inspira aos seus. Por trás da preferência reservada aos pobres e aos pecadores, ia-se delineando sempre mais claramente o rosto de um Pai extraordinariamente próximo, tão próximo a ponto de vir ao nosso encontro no presente e envolver-se em nossa história. Jesus respira a alegre certeza dessa proximidade e a quer participar a todos.

A REVELAÇÃO DO *ABBÁ*, "PAPAI"

Jesus não conhece outro Deus senão Javé, o Deus de seu povo, que se revelou a seus pais, dos quais herdou a inviolável fé monoteísta. Porém, é inegável que ele viveu a experiência de Deus em

CREIO *Da mente para o coração e do coração para as mãos*

uma profundidade de comunhão única na história humana e religiosa. Jesus evoca o Pai seja quando a ele se dirige em oração, seja quando fala dele aos outros. "Pai" é a expressão mais espontânea que Jesus utilizou para referir-se a Deus, cerca de 170 vezes.

A novidade que causa maior impressão acontece quando se nota que a palavra por ele usada não é um genérico "Pai", mas decorre da intimidade familiar expressa na palavra *Abbá*. Originariamente, esta palavra hebraica é uma expressão infantil, carregada da mais intensa afeição familiar. A piedade hebraica nunca ousou tratar a Deus com tanta confidência. O tom solene utilizado indicava distância e confirmava uma obrigação da Lei. Chamar a Deus de "Papai" seria um ato de irreverência.

Essa designação de Deus como *Abbá*, por parte de Jesus, deve ter marcado profundamente seus discípulos, uma vez que, a exemplo do Mestre, se apropriaram dela como distintivo característico de sua pregação cristã. Conservando a forma aramaica, os discípulos anunciavam com o mesmo sentido o Pai de Jesus Cristo, inclusive a quem não falasse a mesma língua. Confirmamos isso nas Cartas de Paulo: Gl 4,6 e Rm 8,15. Com esse nome, os cristãos da primeira hora pensavam ter herdado de Jesus o núcleo de sua fé em Deus. Aliás, ele mesmo os exortava a fazê-lo: "Quando orardes dizei: 'Pai'", certamente *Abbá* (Lc 11,2).

O NOVO ROSTO DO PAI

Mesmo dispondo de muitos nomes divinos oferecidos pela Bíblia e pela piedade popular, Jesus quis apropriar-se de um nome todo seu. Dessa maneira, desejava expressar o que pensava de Deus e quem era Deus para ele. Jesus o confirma a partir das relações cotidianas e o colhe da boca das crianças, que o chamavam "Papai", *Abbá*. Essa escolha é significativa porque nos dá a medida de sua experiência de Deus e da confidência espontânea que configurava seu encontro com ele.

Abbá confirma os sentimentos profundos da consciência religiosa de Jesus e, ao mesmo tempo, revela os traços novos daquele rosto divino que se confirma na pregação do Reino. O anúncio do Reino era tão carregado de novidades que despertava uma nova interpretação da imagem de Deus. O Deus da Lei e dos justos, pelo anúncio do Reino, ia sendo substituído pelo Deus do amor universal, reclinado sobre cada forma de infelicidade humana. Esse novo rosto esperava somente ser selado para confirmar a novidade do Reino: "*Abbá!*".

Em que Pai eu creio?

Há um princípio pedagógico simples e verdadeiro que diz: "A ideia que eu faço ou tenho de alguém é que motiva a proximidade e a intensidade da relação, ou provoca indiferença e distanciamento". Não é diferente nossa relação e nosso diálogo com Deus Pai. É por esse motivo que escolhemos o título deste artigo com a pergunta: "Em que Pai eu creio?". Vale a pena recordar que a nossa profissão de fé cristã acontece sempre à luz daquela singular mensagem que deve ser interpretada – a palavra *Abbá* –, para não corrermos o risco de esvaziá-la de sua especificidade histórica da salvação.

Não podemos reduzir o "Creio em Deus Pai" a uma fórmula intimista e sentimental. Como motivo fundamental do *Abbá* está sempre a imensa novidade e grandeza do Reino e de sua força vitoriosa sobre toda miséria do mundo e dos humanos. É assim que Deus Pai se manifesta: no amor e no perdão. O amor do *Abbá* é terno e criador. Esse rosto de Deus não é comum nas religiões humanas, nem para os gregos, para quem Deus permanece estranho e indiferente às vicissitudes humanas, nem para Israel, para quem Javé apenas se interessa pelas misérias do seu povo. Para o ser humano, é insuportável a relação com um Deus Pai sempre atento e pronto a castigar ou recompensar.

O PAI, *ABBÁ*, E A MENSAGEM DO REINO

Abbá não está apenas no fim da mensagem do Reino, mas está na origem também. É na força dessa descoberta pessoal do amor paterno de Deus que Jesus pode proclamar ao mundo a palavra de esperança do Reino. A Boa-Nova da proximidade de Deus aos pobres, Jesus a conquista por sua experiência religiosa. O comportamento de Jesus, que convive em comunhão com os pecadores, é iluminado e guiado pela experiência do amor do Pai, que a ele se havia revelado na oração. A essa origem de sua mensagem, Jesus se refere nesta oração: "Eu te louvo, ó Pai, Senhor do céu e da terra, porque ocultaste estas coisas aos sábios e doutores e as revelaste aos pequeninos. Sim, Pai, porque assim foi do teu agrado. Tudo me foi entregue por meu Pai, e ninguém conhece o Filho senão o Pai, e ninguém conhece o Pai senão o Filho e aquele a quem o Filho o quiser revelar" (Mt 11,25-27).

A revelação que Jesus faz do mistério do Reino aos pequeninos é precedida pela revelação que o Pai, *Abbá*, fez a ele. No coração da pregação de Jesus está a revelação de Deus, aquele de quem ele é Filho. Essa revelação não vem simplesmente por um conhecimento intelectual, mas por uma experiência pessoal e familiar.

NÃO A LEI, MAS O PAI, *ABBÁ*

O duro posicionamento que Jesus assume na relação com os mestres da Lei e suas humanas interpretações foram motivadas por sua experiência vivida do amor misericordioso do Pai. Não é o desejo de polêmica que o motiva, mas a urgência de imprimir na alma religiosa de seu povo a verdadeira experiência de Deus.

CREIO *Da mente para o coração e do coração para as mãos*

A supervalorização da Lei como fonte de salvação, na verdade, suplantava a referência a Deus da experiência religiosa, relegando Deus a um recanto secundário e tornando-o fiscal da observância da Lei e colecionador dos méritos ou deméritos humanos.

Essa visão mesquinha de um legalismo sem alma terminava por classificar sectariamente as pessoas. A verdadeira opressão, no tempo de Jesus, era construída pela interpretação legalista da religião. Em lugar de ser uma ajuda, a Lei havia se tornado uma minuciosa escravidão, imposta em nome da vontade suprema de Deus.

Nesse contexto é que Jesus vive, faz a experiência de Deus e o apresenta como amor libertador. Todas as pessoas são dignas de amor, porque o Pai as tornou dignas desse amor. "Sede misericordiosos, como vosso Pai do céu é misericordioso" (Lc 6,36). A revelação de Deus, experimentado como Pai, *Abbá*, faz parte da libertação que Jesus veio anunciar aos oprimidos. A superação do Deus da Lei em nome do Deus amor constituiu verdadeira revolução no povo simples do tempo de Jesus. Esta se tornou também a causa de sua condenação à morte.

O "CREIO EM DEUS PAI" DE TODOS OS HUMANOS

A revelação de Deus como Pai, *Abbá*, era destinada a todos os humanos, assim como era e é destinada a mensagem do Reino. Na lógica de Jesus, tudo é unitário. Não há duas mensagens distintas e justapostas. A conversão à esperança do Reino só é possível pela certeza de que todos os humanos, sobretudo os mais insignificantes, são amados e procurados por Deus, como um Pai. Um Reino sem Pai é um Reino não credível e não esperado.

O recurso à linguagem familiar do Pai, *Abbá*, foi inaugurado por Jesus para descrever não somente a especialíssima bondade de Deus que reina, como também para confirmar às pessoas a consciência de sermos todos filhos e filhas deste Deus. Sua mensagem era um constante convite a todos considerarem a Deus como "Pai", a fim de que se consolidasse a convicção de serem os filhos, e, com isso, o desejo de imitá-lo no amor e no perdão (cf. Mt 5,9,45; Lc 6,35). A parábola do filho pródigo revela a certeza de que todos os homens, israelitas e pagãos, são filhos do mesmo Pai (cf. Lc 15,11-32).

O "Creio em Deus Pai" nos chama a crescer na consciência da universal fraternidade: "Vós sois todos irmãos. A ninguém chameis de pai sobre a terra, porque um só é vosso Pai, Aquele do céu" (Mt 23,8).

CREIO EM DEUS PAI COM JESUS, SEU FILHO

Como Igreja que sou, não "creio em Deus Pai" a partir de mim! No meu "Creio" e no "Creio" da Igreja, cada um de nós e todos os batizados cremos a partir de Jesus, o Filho de Deus Pai. Ninguém mais e melhor do que o Filho amado do Pai pode nos inspirar a professar e viver a fé em seu Pai e nosso Pai de modo verdadeiro.

Para Jesus, a consideração de Deus como Pai repercutia diretamente em sua consciência de Filho, que ele sempre cultivava no mais profundo do seu ser. Aqui nos encontramos diante do mais árduo e impressionante aspecto da personalidade do homem Jesus. Ele não se considera um dos tantos filhos de Deus sobre a terra, mas o mais íntimo do Pai, em razão de sua missão. Ele é o Filho em sentido absoluto e exclusivo.

Esse modo único de ser Filho pode parecer estranho em um homem que havia escolhido solidarizar-se em tudo com seus irmãos, até mesmo se sujeitando com eles ao batismo de penitência. Porém, destaca-se nitidamente em Jesus a relação pessoal com o Pai e a filiação divina.

PAI MEU E PAI NOSSO

A oportuna expressão "meu Pai", com sentido de pertença, exprime melhor do que tantas declarações teóricas a relação pessoal de

Jesus com o Pai. Sua pessoal relação com Deus configura-se diversamente. Na parábola dos vinhateiros homicidas (cf. Mt 21,33-41), distinguindo-se dos profetas-servos, o filho predileto identifica-se veladamente com essa realidade. No hino de louvor (cf. Mt 11,25-27), Jesus revela de modo indireto que entre ele e o Pai existe uma relação exclusiva e recíproca de conhecimento. Jesus tinha consciência de que, em tudo, ele carregava consigo um mistério pessoal. Mesmo ensinando aos seus a rezarem o Pai-Nosso, Jesus confirma permanentemente sua unidade e comunhão singular com "meu Pai". "Eu e o Pai somos um" (Jo 10,30).

SINAIS DE COMUNHÃO COM O PAI

Jesus vive um clima de extraordinária comunhão e familiaridade com o Pai: garante o perdão divino por sua autoridade; dispõe com liberdade da Lei mosaica, não a abolindo, mas aperfeiçoando-a; atribui-se o poder de julgar as pessoas e decidir sobre sua sorte eterna; reserva-se a chegada do Reino de Deus no mundo, identificando-se com a salvação que vem de Deus; vive uma santidade excepcional, mas convidava todos a reconhecerem-se pecadores; exige heroísmos para segui-lo; realiza ações miraculosas com soberano poder. No centro dessa prática habitual, está a experiência de Deus como Pai, *Abbá*, vivida em uma incondicional confiança e no amor fiel até o martírio.

CREIO EM DEUS PAI DO FILHO ÚNICO

Crer em Deus Pai é a possibilidade de participar da espiritualidade filial de Jesus. Jesus se autodefine como Filho único. "Deus

CREIO *Da mente para o coração e do coração para as mãos*

amou tanto o mundo que deu *seu* Filho único, para que não morra quem nele acredita, mas tenha a vida eterna" (Jo 3,16). Essa relação singular torna-se referência imbatível de sua identidade e de sua missão. Jesus de Nazaré identifica-se com o Filho único do Pai, em total dependência. Por esse motivo, seu alimento permanente é fazer a vontade do Pai.

Sua espiritualidade filial nutre-se da oração, e a oração de Jesus se torna uma constante sintonia de busca e fidelidade. Quando afirmamos que cremos em Deus Pai, somos também chamados a cultivar essa sintonia, seja na oração, seja na vida de cada dia, buscando, com Jesus, fazer a vontade do Pai.

Para Jesus, a obediência nunca é uma questão de correspondência a um código moral que está fora dele, mas sim de fidelidade e de amor ao Pai. É aí que Jesus adquire a força que o sustenta na sua missão e a coragem na solidão, na qual se vê sempre mais ameaçado pela hostilidade do ambiente. "Eu não estou sozinho, porque o Pai está comigo" (Jo 16,32).

PATERNIDADE DE DEUS E FRATERNIDADE HUMANA

Sabendo um pouco melhor da relação filial de Jesus com o Pai e da relação do Pai com seu Filho único, entendemos as consequências reais da fé cristã em favor da fraternidade humana. Ao longo da história, como hoje, a paternidade de Deus se constitui no argumento indiscutível em favor da fraternidade humana. Os exclusivismos de raça, cultura e nacionalidade foram superados pela realidade de um Pai comum, Senhor espiritual de todos os humanos e dos direitos dos mais pobres e humildes (cf. Mt 23,8-12; Lc 6,36ss).

A história nos mostra como os motivos da solidariedade nacional, institucional ou de classes são sempre limitados e insuficientes para a durabilidade de projetos de fraternidade. Percebe-se também que as teorias filosóficas da igualdade natural dos seres humanos, geralmente, são frias, abstratas e racionais. Só uma mística religiosa, unida à fé no Pai comum, é capaz de estimular uma irmandade humana, mesmo que seja um empreendimento difícil e conflituoso.

Todo cristão que professa conscientemente o "Creio em Deus Pai" sabe que somos filhos no Filho. "Quando chegou a plenitude dos tempos, Deus enviou seu Filho, nascido de uma mulher, nascido debaixo da Lei, a fim de resgatar os que estavam debaixo da Lei, de modo que recebêssemos a adoção de filhos. E porque vocês são filhos, Deus enviou aos nossos corações o Espírito do seu Filho, que clama: '*Abbá*! Pai!'. Portanto, você já não é escravo, mas filho. E se você é filho, é também herdeiro por causa de Deus" (Gl 4,4-7).

CREIO EM DEUS PAI TODO-PODEROSO

As experiências e os conceitos humanos interferem em nosso imaginário e, muitas vezes, complicam ou ajudam nossas relações vivenciais. Esses conceitos e relações podem ser tanto de ordem meramente humana como também religiosa. A palavra "poder" é uma das expressões complicadas que facilmente nos distancia e nos deixa mal. Pior ainda quando atribuímos a alguém o fato de ser "todo-poderoso".

AMPLOS DESAFIOS A SUPERAR

Vivemos em uma cultura que facilmente confunde autoridade com poder. Quando o poder é sustentado por uma ideologia, aparecem os ditadores nominais, ou até mesmo a ditadura de base. Nesse cenário, sufoca-se o diálogo; não se consegue valorizar a contribuição da pessoa nem organizar a comunidade e a administração comunitária dos bens e das iniciativas necessários para um justo progresso.

O individualismo de nossa época não é fruto do acaso. Não estamos conseguindo acreditar na força do carisma, que poderia reanimar o mundo e a história em nossas relações. Estamos minados pela cultura da desconfiança. A dominação que se estabelece, movida pelo jogo de interesses pessoais e pela iniquidade de sistemas políticos e econômicos, anula pessoas e impiedosamente desencadeia o empobrecimento de multidões.

INTERFERÊNCIAS EXISTENCIAIS

Sabemos e sentimos que a experiência existencial e social que vivemos termina afetando também nosso "Creio", principalmente quando não conseguimos entender bem o significado bíblico da expressão "todo-poderoso", cujo título é atribuído a Deus Pai. Daí a importância de repensar o verdadeiro significado desta expressão de nossa proclamação da fé. O que se afirma no "Creio", diariamente, aparece nas orações de nossa liturgia, seja na coleta, no prefácio, e até mesmo na bênção final de nossas missas.

Outra questão que pode complicar nosso diálogo de fé com o "Pai todo-poderoso" é a experiência e a relação filial com um pai autoritário e inflexível, ou indiferente, ausente e sem ternura. Essa implicância que brota da nossa experiência filial nos pede um empenho de superação consciente e sábia, para cultivarmos uma relação amistosa, serena e confiante com Deus Pai todo-poderoso; porém, poderoso no amor.

REPENSAR PARA CRER MELHOR

Por ser tão importante crer em "Deus Pai, que é todo-poderoso", contamos com a ajuda da revelação bíblica, do magistério da Igreja, da teologia e da filosofia, para superar as dificuldades que possam surgir na caminhada da fé. Negar uma verdade por não compreendê-la é uma atitude empobrecedora para a pessoa e

CREIO *Da mente para o coração e do coração para as mãos*

também para a comunidade. Contar com ajuda para esclarecer é uma atitude de sabedoria e dignidade.

Por ocasião do cinquentenário de abertura do Concílio Vaticano II, referindo-se ao Credo, o Papa Bento XVI nos disse: "Quando afirmamos 'Creio em Deus Pai todo-poderoso', nós expressamos a nossa fé no poder do amor de Deus, que no seu Filho morto e ressuscitado derrota o ódio, o mal e o pecado, abrindo-nos à vida eterna, à vida dos filhos que desejam permanecer para sempre na casa do Pai. Dizer 'Creio em Deus Pai todo-poderoso', no seu poder, na sua maneira de ser Pai, constitui sempre um gesto de fé, de conversão, de transformação do nosso pensamento, de todo nosso afeto e do nosso estilo de vida".

Alfonso García Rubio, doutor em Teologia Sistemática, com o vigor de seu conhecimento e convicção, nos ajuda a repensar o modo como Deus é todo-poderoso. Partindo da *Kénose*, no esvaziar-se está seu poder, permitindo que o outro seja. Deus assume a condição humana de servidor, não de dominador ou prepotente. "Esse é o dinamismo desconcertante do amor: ir ao encontro do outro, ficando no mesmo nível dele. Sendo rico se fez pobre para nos enriquecer. Deus não obriga, não manipula, nem instrumentaliza, nem invade. A Kénose é a nova concepção do que seja o poder, que visa potencializar enriquecedoramente o outro, longe da dominação e da superproteção. O verdadeiro poder é o poder do amor. É assim que Deus é todo-poderoso" (Alfonso García Rubio).

A santidade e a bondade de Deus são expressões de seu poder que dignifica e resgata o que a liberdade humana prejudica. O filósofo existencialista e teólogo Kierkegaard afirmava: "A onipotência de Deus não se mostra tanto no fato de poder criar mundos de dimensões assombrosas para nós, mas que possa criar um pequeno ser capaz de encará-lo de frente e dizer-lhe não". O todo-poderoso de Deus coincide com a plenitude do amor e da misericórdia. "Tu te compadeces de tudo, porque tudo podes" (Sb 11,23).

CONCLUSÃO

A proximidade de Deus em nossa vida, e nossa vida a ele relacionada constantemente, longe de nos distanciar por ser Pai todo-poderoso, deve nos favorecer no encontro que sustenta a nossa fé. Participantes deste Reino de amor, somos chamados a irradiar esse amor poderoso, mesmo que limitado, por onde andarmos. Assim, crendo nesse amor podemos tornar este mundo um pouco melhor, como um alegre compromisso de fé. Decididamente, "Creio em Deus Pai todo-poderoso!".

Creio em Deus Pai, criador do céu e da terra

Na profissão de fé, a criação do mundo visível e do ser humano ocupa um lugar de destaque: "O divino e o humano se encontram no menor detalhe da túnica inconsútil da criação de Deus, mesmo no último grão de poeira do nosso planeta" (Patriarca Bartolomeu). Talvez, hoje, tenhamos perdido aquela certeza iluminada e iluminadora dos primeiros cristãos. Temos dificuldade de crer e reconhecer a Deus presente na natureza e na vida cotidiana, como nossos pais medievais. Complicamos demais e temos cada vez mais dificuldade de entender e processar um verdadeiro e justo progresso.

CRER NO PAI CRIADOR

A primeira questão que ilumina o nosso "Creio" é compreender que o Pai Criador, "a partir do nada", cria todas as coisas. Sabemos que os Padres da Igreja tiveram um declarado embate com os filósofos gregos que atribuíam a Deus a tarefa de "modelador". Com esse pensamento, colocavam a Deus na posição de um competente artífice das coisas "já existentes". Nós, humanos, produzimos algo nos servindo da matéria já existente. De Deus afirma-se que produz "a partir do nada". Isso quer dizer: "Criar".

O *Catecismo da Igreja Católica* (n. 287) confirma que a verdade da criação é o caminho para conhecer o Criador. Deus se revela a seu povo como Aquele a quem pertencem todos os povos da terra e a terra inteira, como único Senhor que "fez o céu e a terra" (Sl 115,15; 124,8; 134,3). A criação é o primeiro passo para a aliança. "É o testemunho primeiro e universal do amor todo-poderoso de Deus" (CIC, n. 288). Prosseguimos nossa reflexão seguindo os indicativos do *Catecismo da Igreja Católica*, n. 290 a 314.

CRIAÇÃO: OBRA DA TRINDADE

- "No princípio, Deus criou o céu e a terra" (Gn 1,1). Deus eterno é Criador. O começo de tudo dele depende. Ele lhe dá o ser.

- "No princípio era o Verbo [...] e o Verbo era Deus [...]. Tudo foi feito por ele e, sem ele, nada foi feito" (Jo 1,1-3). "Nele foram criadas todas as coisas, nos céus e na terra [...] tudo foi criado por ele e para ele. Ele é antes de tudo e tudo nele subsiste" (Cl 1,16-17).

- A fé da Igreja confirma a ação criadora do Espírito Santo. Ele é o "doador de vida", "o Espírito Criador". Na bênção da água batismal, a Igreja reza: "Vosso Espírito pairava sobre as águas para que fossem capazes de gerar a vida. Ele é a Fonte de todo o bem" (cf. *Liturgia Bizantina*).

O Criador tudo fez por si mesmo, isto é, "pelo seu Verbo e Sabedoria, pelo Filho e pelo Espírito, que são como suas mãos" (Santo Irineu). A criação é obra comum da Santíssima Trindade.

A CRIAÇÃO PARA A GLÓRIA DE DEUS

"Os céus narram a glória de Deus; a obra de suas mãos, o firmamento anuncia. O dia ao dia comunica a mensagem e a noite à noite publica essa notícia. Sem linguagem, sem palavras, sem que se ouça a sua voz, toda a terra difunde o seu anúncio e até os confins do mundo a sua mensagem" (Sl 19,2-5).

"Deus não tem outro motivo para criar, a não ser comunicar o seu amor e sua bondade. Aberta a mão pela chave do amor, as criaturas surgiram" (Santo Tomás de Aquino).

"Na glória de Deus está a nossa felicidade, pois a glória de Deus é o homem vivo, e a vida do homem é a visão de Deus" (Santo Irineu).

DEUS CRIA POR SABEDORIA E POR AMOR

O infinito e transbordante amor de Deus o levou a criar tudo para que suas criaturas participassem de sua bondade: "Pois tu criaste todas as coisas: por tua bondade é que elas existem e foram criadas" (Ap 4,11). "Quão numerosas são as tuas obras, Senhor, e todas fizeste com sabedoria!" (Sl 104,24). "O Senhor é bom para todos, compassivo com todas as suas obras" (Sl 145,9).

DEUS CRIA UM MUNDO ORDENADO E BOM

O próprio Deus, Criador, encanta-se com sua obra! A repetição: "E Deus viu que tudo isto era bom! Ao criar o homem à sua imagem e semelhança, viu que era muito bom!" (Gn 1,4.10.12.18.21.31). Este refrão é um verdadeiro cântico sacerdotal ao Criador e à criação. A criação torna-se um dom de amor entregue ao ser humano, como uma herança que lhe é confiada.

DEUS É MAIOR QUE SUAS OBRAS, MAS ESTÁ PRESENTE NELAS

"Sua majestade é mais alta do que os céus" (Sl 8,2); "É incalculável a sua grandeza" (Sl 145,3). São Francisco enaltecia permanentemente o Criador com seus louvores e, nisso também, confirmava a dignidade e a grandeza de suas criaturas. Santo Agostinho dizia: "Ele é maior do que o que há de maior em mim e mais íntimo do que há de mais íntimo em mim". São Paulo, falando aos filósofos de Atenas dizia: "Nele vivemos, nos movemos e existimos" (At 17,28).

CONCLUSÃO

Para concluir esta reflexão, servimo-nos das palavras de Bento XVI, ditas na audiência do dia 6 de fevereiro de 2013: "Na época da ciência e da técnica, ainda tem sentido falar da criação? Como devemos compreender as narrações do Gênesis? A Bíblia não quer ser um manual de ciências naturais; ao contrário, deseja compreender a verdade autêntica e profunda da realidade. Continuamos crendo em Deus Pai todo-poderoso, Criador do céu e da terra!".

CREIO EM DEUS, CRIADOR DO SER HUMANO

Quando proclamamos o nosso "Creio", não estamos fazendo uma homenagem a um Deus carente de nossa fé. Rezamos com fé e renovamos nossa fé para cultivar uma relação de amor que vai nos ajustando naquela identidade com que ele nos pensou, ao criar-nos à sua imagem e semelhança. É impressionante como a humanidade evolui em suas descobertas e produções. Porém, tem-se a sensação de que o ser humano não consegue administrar a si mesmo, como se não soubesse a marca de dignidade da própria vida. Não sabemos bem o que fazer de nós mesmos!

As grandes recuperações que o ser humano é chamado a processar em nosso tempo são, acima de tudo: a estima, o respeito, o amor a si mesmo e aos outros. Na verdade, podemos recomeçar a estimar, respeitar e amar a nós mesmos e aos outros, se nos dermos conta de que:

- Alguém nos pensou desde sempre;
- Alguém nos projetou desde sempre;
- Alguém nos amou desde sempre;
- Alguém nos chamou a metas de grandeza.

O SER HUMANO IMAGEM DE DEUS

"De acordo com a sentença, quase concorde, dos crentes e não crentes, todas as coisas existentes na terra são ordenadas ao ser humano, como seu centro e ponto culminante" (GS, n. 12). Porém, em relação à pergunta: "O que é o ser humano?", emitem-se as opiniões mais contraditórias. Algumas proclamam exaltações ilimitadas ao tamanho dos ídolos. Outras, existenciais, jogam o ser humano na mais vil degradação, desespero e angústia.

O Credo de nossa Igreja não ignora as dificuldades e dramas da humanidade ao pensar e tratar o ser humano. Contudo, a Igreja, "instruída pela revelação de Deus, pode dar uma resposta, na qual se delineia a verdadeira condição humana" (*Gaudium et spes*, n. 12). Sem ignorar as fraquezas e contradições humanas, ao mesmo tempo, reconhece de modo correto sua dignidade, grandeza e vocação.

Contemplando o céu, o salmista pergunta: "Quando contemplo os céus, obra das vossas mãos, a lua e as estrelas que vós fixastes, o que é o homem para dele vos lembrardes? O que é o filho do homem para que vos ocupeis com ele? Entretanto, vós o fizestes pouco inferior aos anjos, coroando-o de honra e glória. Deste-lhe o poder sobre as obras de vossas mãos, vós lhe submetestes toda a criação" (Sl 8,5-7).

NÓS, HUMANOS, PORTADORES DE UM MISTÉRIO

Crendo em Deus Pai Criador, como humanos, à sua imagem e semelhança, sabemos de nossa identidade e de nossa responsabilidade em não nos deixar corromper. Todavia, sabemos que nossa

CREIO *Da mente para o coração e do coração para as mãos*

liberdade, comprometida pelo pecado, pode nos levar para o ótimo ou para o péssimo. Somos um mistério de contradições. Há momentos em que nos achamos maduros para o heroísmo e, ao mesmo tempo, solidários com todas as baixezas.

"O coração humano é capaz de reunir todas as contradições e de contemplar ao mesmo tempo dois abismos: o do alto, das ideias sublimes, e o de baixo, o abismo da mais vil degradação" (Fiódor Dostoiévski). Esse mesmo filósofo e pensador sempre cultivou uma fé inquieta; sempre tratou o ser humano de modo profundamente cristão. Aos 18 anos, escreveu ao irmão: "O ser humano é um mistério. É preciso desvendá-lo. Se você passar toda a sua vida a penetrar nele, não terá perdido o seu tempo. Vivo meditando neste mistério, porque eu quero ser um homem" (*Correspondance*, p. 26).

O Credo em Deus Pai Criador deve nos chamar constantemente a liberar em nós o que há de melhor em nós mesmos, dando-nos conta de nossa vocação e missão. Mesmo sentindo o nosso limite e o paradoxo que nos acompanha em nossa pequenez e caducidade, jamais podemos esquecer a grandeza que o amor eterno de Deus desejou para nós.

GRANDEZA DO SER HUMANO

Com a ajuda da filosofia e da teologia, o pensamento dos povos e a simples observação, podemos afirmar:

- o ser humano é o único ser dotado de autoconsciência;
- o ser humano é o único ser dotado de conhecimento;
- o ser humano é o único ser dotado de uma inteligência aberta ao infinito;

- o ser humano é o único ser dotado de uma vontade capaz de desejar o Absoluto;
- o ser humano é o único ser dotado de liberdade;
- o ser humano é o único ser capaz de administrar o mundo;
- o ser humano é o único ser capaz de doar-se.

O ser humano como pessoa tem características inigualáveis:

- o ser humano é "único" e "irrepetível";
- o ser humano é "insubstituível";
- o ser humano é "intransferível".

CONCLUSÃO

No projeto criador de Deus, o ser humano é tão grande que vale mais do que todo o universo. Por ser "imagem e semelhança de Deus", deverá dar a todas as obras criadas o seu justo e devido valor e respeitar o seu verdadeiro lugar. A estima, o respeito e o amor ao ser humano são atos moralmente tão nobres que só poderão ser superados pelo amor e respeito a Deus. Reconhecendo nossa condição de criaturas, deixemos que o Senhor nos cumule com seu amor e, assim, cresça a nossa verdadeira grandeza.

CREIO EM JESUS CRISTO

Antes de acenar para o que se costuma dizer sobre este item fundamental do nosso "Creio", começo evocando experiências existenciais históricas e místicas de pessoas sábias, próximas de nós, não no espaço nem no tempo, mas no desejo de viver a fé conectada com a vida, e a vida com o olhar fixo em Jesus Cristo. O "Creio em Jesus Cristo", vivido existencialmente por homens e mulheres, poderá nos ajudar em nossa experiência de fé.

SÃO FRANCISCO DE ASSIS (05/07/1182 A 03/10/1126)

O "Creio em Jesus Cristo" de Francisco era vivamente marcado por uma sensibilidade humana diferente da cultura religiosa oficial do seu tempo. Enquanto se propunha o "Creio" em um Cristo majestático e triunfante, de tipo bizantino, Francisco proclamava com insistência que "Maria, a Mãe de Jesus, tinha tornado irmão nosso o Senhor da majestade" (2C 198). Pela maneira de Francisco apresentar o Cristo, o povo começou a redescobrir que o Senhor é amigo mais próximo e fiel, o verdadeiro Emanuel que mora em seu meio, como o Pastor entre suas ovelhas amadas. Desse creio, vivido e professado pelo Santo, brota uma visão fundamentalmente otimista sobre tudo e todos.

DOSTOIÉVSKI (11/11/1821 A 09/02/1881)

A vida e a obra deste escritor russo nos ajudam a entender o ateísmo como um fenômeno que atinge hoje dimensões quase universais. Ele também nos mostra as angústias, incertezas e desencontros decorrentes dessa experiência. Conhecendo o caminho, longo e sofrido, por ele percorrido até encontrar Jesus Cristo, podemos também encontrar a resposta última para nossas dúvidas e perguntas. Significativas são suas palavras: "Que atrozes sofrimentos me tem custado esta vontade de crer, que é tanto maior em minha alma quanto mais numerosos são em mim os argumentos que lhe são contrários".

Em suas sinceras declarações, com frequência confirma ter momentos de paz que Deus lhe envia. Foi em um desses momentos de sagrada clareza que ele compôs o seu credo: "Creio que não existe nada de mais belo, de mais profundo, de mais simpático, de mais viril e de mais perfeito do que Cristo; e eu o digo a mim mesmo, com um amor cioso, que não existe e não pode existir. Mais do que isso: se alguém me provar que o Cristo está fora da verdade, e que esta não se acha nele, prefiro ficar com o Cristo a ficar com a verdade".

JACOB NEUSNER (28/07/1932 A 08/10/2016)

Este rabino americano, um dos grandes biblistas do pensamento internacional, escreveu 950 livros. Entre suas obras está: *Um rabino fala com Jesus*. Neusner sempre cultivou um diálogo amigo com Bento XVI, que o cita em seu livro *Jesus de Nazaré*. Uma passagem que chama atenção, por sua grandeza e por ajudar a crer melhor em Jesus Cristo, está no próprio livro de Neusner, escrito em 1993.

CREIO *Da mente para o coração e do coração para as mãos*

O rabino imagina que se encontra no monte onde Jesus proclama as Bem-aventuranças. Passa o dia seguindo Jesus. Escuta-o, como se fosse a primeira vez, superando incompreensões e preconceitos acumulados em 2000 anos de história do cristianismo. No final do dia, depois de ter acompanhado Jesus, Neusner vai à sinagoga e lá se encontra com outro rabino. Relata-lhe a experiência vivida no dia e este lhe pergunta o que Jesus ensina em oposição à Lei mosaica? Neusner lhe responde: "Quase nada!". Segue indagando: "Em que Jesus concorda". Neunser lhe diz: "Em quase tudo!" – "Então, qual é a novidade?" Aí vem a sábia resposta, ao afirmar: "A grande novidade é *ele mesmo*!".

Esta afirmação do rabino nos ajuda a compreender e crer que "não se começa a ser cristão por uma decisão ética ou uma grande ideia, mas pelo encontro com um acontecimento, com uma Pessoa, que dá um novo horizonte à vida e, com isso, uma orientação decisiva" (Bento XVI). Em Jesus, há o feliz anúncio do amor de Deus que não abandona o ser humano.

SÃO PAULO VI
(PAPA DE 21/06/1963 A 06/09/1978)

Entre seus escritos e experiências de vida, Paulo VI nos deixou uma prece a Cristo, na qual expressa um diálogo de fé que nos ajuda a ampliar o nosso "creio em Jesus Cristo".

Ó Cristo,

Tu és necessário para entrarmos em comunhão com Deus Pai, tornando-nos seus filhos, e renascermos no Espírito Santo.

Tu és necessário, o único e verdadeiro mestre das verdades indispensáveis da vida, para conhecermos o nosso ser, o nosso destino e o caminho para alcançá-lo.

Tu és necessário, ó Redentor, para percebermos nossas misérias e curá-las, para termos o conceito do bem e do mal e a esperança da santidade.

Tu és necessário, ó irmão primogênito da humanidade, para encontrarmos as razões verdadeiras da fraternidade, os fundamentos da justiça, os tesouros da caridade e o sumo bem da paz.

Tu és necessário, ó grande paciente das nossas dores, para conhecermos o sentido do sofrimento e para lhe darmos um valor de redenção.

Tu és necessário, ó vencedor da morte, para nos libertarmos do desespero e da negação e para termos certezas que nunca desiludem.

Tu és necessário, ó Cristo, ó Senhor, ó Deus conosco, para aprendermos o amor verdadeiro e para caminharmos na alegria e na força da tua caridade, ao longo do caminho da nossa vida, até o encontro definitivo contigo, amado, esperado, bendito nos séculos. Amém!

CREIO EM JESUS CRISTO, SEU ÚNICO FILHO

Na verdade, temos diante de nós uma fórmula do "Creio" densa de sentido e rica de conteúdo bíblico, teológico e litúrgico, que há tantos séculos é proclamada pela Igreja. Mesmo que a liturgia consagre a fórmula mais breve, chamada "Símbolo dos Apóstolos", por ser simples e popular, ainda assim percebemos a necessidade de torná-la mais compreensível para que se torne expressão de fé vivida e proclamada.

O FILHO DE DEUS

"Filho de Deus" é a fórmula densa que confirma o essencial e o distintivo da fé cristã. Sabe-se que esta expressão não nasceu com tamanha importância, mas foi se tornando consagrada pela experiência e pelo conhecimento de Cristo, por meio da graça do Espírito Santo.

No mundo judaico, "filho de Deus" era um título dado ao rei e a seu povo. Ele, como pessoa, e uma comunidade que Deus, em sua benevolência, escolhia e chamava para uma missão particular. Entretanto, em Jesus de Nazaré, este nome começa a transcender o seu normal significado, porque ele confirmava Deus como seu Pai e a ele mesmo como o Filho único, a quem tudo tinha sido dado.

Jesus vive em uma atmosfera singularíssima de intimidade com o Pai e deseja viver por ele, escolhendo em primeira pessoa o perdão dos pecados e considerando-se ele próprio o Reino de Deus entre os humanos. Mesmo que tivéssemos de admitir que Jesus não se autodenominara "filho de Deus", é evidente que ele assim se tenha considerado. Em toda a sua vida comportou-se como Filho único. A comunidade da Páscoa reconhece o título de "Filho de Deus" e passa a confirmá-lo com toda a clareza de significado.

MATEUS NOS AJUDA

Temos um fato novo: a narrativa da concepção virginal de Jesus no evangelho da infância. Com esta, a Igreja apostólica expressa a sua fé: não só a missão, mas também o ser mesmo de Jesus, provém de Deus. Jesus é Filho de Deus desde o nascimento, porque foi ele que o gerou. Ele não foi escolhido ou adotado messianicamente somente no momento do batismo ou da ressurreição.

De Mateus recordamos também a famosa perícope do hino de júbilo proclamado por Jesus: "Tudo me foi entregue por meu Pai. Ninguém conhece o Filho senão o Pai. E ninguém conhece o Pai senão o Filho e aquele a quem o Filho o quiser revelar" (Mt 11,27). Aqui, Jesus se declara em uma especial comunhão, na exclusividade e reciprocidade de sua relação com Deus: tanto o Pai conhece o Filho quanto o Filho conhece o Pai. Há uma igualdade, porque ao Filho tudo foi dado. De Mateus recordamos a expressão "Filho amado", proclamada no batismo e na transfiguração (Mt 3,17; 17,5) e igualmente na fórmula trinitária (Mt 28,19).

CREIO *Da mente para o coração e do coração para as mãos*

MARCOS NOS AJUDA

"Início do Evangelho de Jesus Cristo, Filho de Deus" (Mc 1,1). No primeiro Evangelho, a confirmação "Filho de Deus" tem um lugar muito importante, mesmo que expressa de modo muito modesto e velado, como é próprio de Marcos.

O Evangelho termina com a primeira confissão de fé do centurião romano: "Verdadeiramente este homem era Filho de Deus" (Mc 15,39). Para o Evangelista, pouco importa estabelecer o sentido que o centurião atribuía a esta verdade. O que importa é a declaração da filiação divina que vinha da boca de um pagão aos pés da cruz. Entre estes dois termos do Evangelho, estão outras confirmações importantes: o batismo (Mc 1,11), a transfiguração (Mc 9,7), a confissão diante do Sinédrio (Mc 14,61-62).

"O Evangelista Marcos compreende que se trata da revelação mais íntima e secreta referente à pessoa e obra de Jesus" (Oscar Cullmann). Isto justifica a discrição usada por Jesus: este é um mistério que somente quem crê e o acolhe pode compreender.

JOÃO NOS AJUDA

Seu Evangelho foi escrito "para que acrediteis que Jesus é o Cristo, o Filho de Deus, e para que, acreditando, tenhais a vida em seu nome" (Jo 20,31). O que caracteriza a cristologia de João é a unidade e a igualdade do Filho com o Pai e, consequentemente, a sua verdadeira divindade. Jesus não é somente o primogênito ou o Filho predileto, mas o unigênito (Jo 1,14.18; 3,16.18). Referindo-se à relação entre Filho e Pai, Pai e Filho, João destaca:

- Unidade no ser: "Eu e o Pai somos um" (Jo 10,30). "Todas as coisas que o Pai tem são minhas" (Jo 16,15). "Eu estou no Pai e o Pai está em mim" (Jo 14,10). "Tudo o que é meu é teu, e tudo o que é teu é meu!" (Jo 17,9).

- Unidade de vida: "Como o Pai tem a vida em si mesmo, assim tem dado ao Filho ter a vida em si mesmo" (Jo 5,26). "Como o Pai que vive me enviou e eu vivo pelo Pai, assim, aquele que se alimentar de mim viverá por causa de mim" (Jo 6,57).

- Unidade de glória: para os judeus, a glória é o máximo sinal da divindade. Jesus atribui-se essa glória. "Pai, glorifica-me em ti [...] para que contemples a minha glória que tu me deste" (Jo 17,5.24).

- Unidade de conhecimento e de amor: "Como o Pai me conhece, eu conheço o Pai" (Jo 10,15). "O Pai ama o Filho e tudo lhe entregou em suas mãos" (Jo 3,35).

- Unidade nas obras: "Meu Pai trabalha sempre [também no sábado] e eu também trabalho" (Jo 5,17). "Como o Pai ressuscita os mortos e dá a vida, assim também o Filho dá a vida a quem quer" (Jo 5,21).

COM SÃO PAULO, CREIO NO FILHO DE DEUS

Paulo usa cerca de quinze vezes o título "Filho de Deus", muito menos que os outros títulos cristológicos (Gl 1,15-16; 2,20; 4,4-5; Rm 8,3.24.32; 1Cor 15,28 etc.) Ele não usa a fórmula abreviada "Filho"; prefere sempre indicar a pertença ao Pai: Filho seu, Filho do Pai. Deus ama o seu Filho dileto, que é seu herdeiro natural e seu enviado para a salvação.

ROMANOS 1,3-4

"[...] a respeito de seu Filho, nascido da descendência de Davi segundo a carne, proclamado Filho de Deus, com poder, segundo o Espírito de santidade, mediante a ressurreição dos mortos, Jesus Cristo nosso Senhor." Este é o sentido: aquele que desde sempre era seu Filho e que havia nascido judeu segundo a carne, foi constituído "Filho de Deus". No momento de sua glorificação, ele obtém o poder de efetivar a salvação. Mesmo antes do nascimento, Jesus era Filho de Deus, descendente de Davi. Porém, só a Ressurreição lhe garante o poder de Senhor, que vem do Espírito e agora está em suas mãos.

GÁLATAS 4,4-5

"Quando chegou a plenitude dos tempos, Deus enviou seu Filho, nascido de uma mulher, nascido debaixo da Lei, a fim de resgatar os que estavam sob a Lei, de modo que recebêssemos a adoção de filhos." Paulo nos afirma, aqui, que o Filho existia antes do nascimento da própria Mãe. Com frequência, Paulo insiste na preexistência de Cristo em suas Cartas: o Cristo "vem", "aparece", "[...] de rico, que era, se fez pobre", "[...] gerado antes de cada criatura", "[...] subsiste na natureza divina" etc.

COLOSSENSES 1,15-20

Este texto de Paulo expressa uma particular importância e beleza, como um hino de louvor do "Filho dileto", em cujo reino, Deus nos transferiu. O Filho é confirmado como imagem do Deus invisível. Em sua concretização histórica de homem, reflete Deus que nunca pode ser visto. Como imagem, ele preside o ato da criação, como também o ato redentor, porque todas as coisas subsistem nele e por meio dele foram criadas. Paulo também nos confirma que podemos ter parte na plenitude de Cristo, porque "nele habita corporalmente toda a plenitude da divindade" (Cl 2,9).

FILIPENSES 2,6-11

Mesmo que não se veja uma atribuição direta ao Filho, este hino grandioso é cristológico. As diversas estrofes indicam atributos essenciais ao Cristo, afirmado em sua "natureza divina". A encarnação o confirma assumindo a forma de servo e o apresenta "despojando-se a si mesmo, até a morte de cruz", aceita na obediência de Filho. Dessa obediência decorre a glorificação celeste que lhe confere o nome de Senhor e a adoração por parte de todo o universo.

CREIO *Da mente para o coração e do coração para as mãos*

O despojamento de si não se refere à natureza divina como tal, mas aos privilégios e ao tratamento que a sua natureza divina deveria merecer. Por assumir a condição humana, Cristo não se priva de ser servo e da obediência da cruz. O hino de Paulo aos Filipenses é uma síntese, em forma histórica, de toda a cristologia do Novo Testamento.

CARTA AOS HEBREUS

Esta Carta de Paulo é muito singular. Embora os nomes Cristo e Senhor sejam empregados como já consagrados nomes pessoais, adquire especial importância o título "Filho" e "Filho de Deus". O primeiro capítulo celebra uma apoteose: "Muitas vezes e de muitos modos, Deus falou, no passado, aos nossos pais pelos profetas. Nesta etapa final ele nos falou pelo seu Filho. Deus fez dele o herdeiro de tudo e, por meio dele, criou o universo. Ele é o reflexo de sua glória, a expressão do seu ser. O Filho tudo sustenta com a sua palavra poderosa [...]. O Filho está acima dos anjos, do mesmo modo como recebeu em herança um nome muito superior ao deles" (Hb 1,1-4). A Carta aos Hebreus atribui ao Filho o nome "Deus", mesmo que indiretamente, através da citação do Salmo 45,7-8.

Ao referir-nos à Carta de Paulo aos Hebreus, confirmamos que nela, pela primeira vez, atribui-se a Cristo o título de "Sacerdote". Este é o tema central da Carta, escrita para ilustrar a eficácia desse único sacerdócio no meio de muitas falsificações sacerdotais. O motivo condutor é o verso do Salmo 110: "Tu és sacerdote para sempre segundo a ordem de Melquisedec". O sangue da morte do Filho é o sacrifício que redime os pecados de todos e o sinal mediador da nova aliança. O ingresso no templo celeste constitui-se como o momento culminante de seu sacrifício e a eternização de seu sacerdócio.

CONCLUSÃO

A profissão de fé que declara Jesus Cristo Filho único de Deus não é apenas uma fórmula a ser proclamada, mas uma experiência a ser vivida pessoalmente e ser celebrada comunitariamente. Diz o *Catecismo da Igreja Católica* (n. 424): "Movidos pela graça do Espírito Santo e atraídos pelo Pai, cremos e confessamos acerca de Jesus: 'Tu és o Cristo, o Filho do Deus vivo' (Mc 16,16). Foi sobre a rocha dessa fé, confessada por São Pedro, que Cristo constituiu sua Igreja".

Esperamos que a ajuda dos Evangelhos e das Cartas de Paulo nos tragam luzes para prosseguir o caminho da fé, assegurados em Jesus, o Filho unigênito do Pai, a ponto de, ao vê-lo, vejamos o Pai (cf. Jo 14,9). A ponto de dizer que, quando ele nos abraça, somos abraçados pelo Pai.

CREIO NO CRISTO SENHOR

A carga histórica, cultural e até mesmo religiosa da palavra "Senhor" atinge também a sua presença em nossa profissão de fé. Não custa associar "senhor e escravo", "senhor e poder ditatorial", "senhor e vassalos", "senhor e superior autoritário" etc. Para podermos acolher o verdadeiro sentido desta palavra atribuída a Jesus na profissão de fé, necessitamos rever nosso imaginário e buscar seu correto conceito para um cordial relacionamento de amor com o Senhor que está conosco e em nós.

Desde que Deus se revelou a Moisés com o inefável nome de Javé, traduzido como "Senhor", torna-se o nome mais habitual para designar a própria divindade do Deus de Israel. Nesse sentido, o Novo Testamento faz uso deste título para o Pai e também para Jesus, reconhecendo-o como o próprio Deus. Em Mateus, Lucas e João, Jesus é chamado de Senhor antes de sua ressurreição. Com frequência, Jesus era saudado e chamado com o título de "Senhor meu", ou "Senhor nosso".

"Jesus mesmo atribui a si, de maneira velada, este título quando discute com os fariseus sobre o sentido do Salmo 110, mas também de modo explícito dirigindo-se a seus apóstolos (cf. Mt 22,41-46). Ao longo de toda sua vida pública, seus gestos de domínio sobre a natureza, sobre as doenças, sobre os demônios, sobre a morte e o pecado demonstravam sua soberania divina" (CIC, n. 447).

Se os rabinos e outras pessoas influentes da Palestina recebem o tratamento de "senhor", Jesus é para seus discípulos absolutamente "o Senhor" (Mc 11,3; Lc 19,31; 22,11). Jesus não só aceitava este título (Jo 13,13) como também o queria para si (Mt 23,8.10), pois este título carregava sua identidade e missão.

UM FATO RELEVANTE

O título de "Senhor" adquire uma singular e imensa relevância quando atribuído ao Cristo Ressuscitado. É significativa a declaração de fé de Tomé, em seu encontro pessoal com Jesus, depois de vê-lo e tocá-lo: "Meu Senhor e meu Deus!" (Jo 20,28). Aqui a palavra "Senhor", referida ao Ressuscitado, adquire sua verdadeira conotação, fazendo-se uma expressão de amor e afeição. O próprio discípulo que Jesus amava, depois da pesca abundante, exclama: "É o Senhor!" (Jo 21,7).

UM ANÚNCIO FUNDAMENTAL

A fé cristã e sua profissão, pessoal e pública, tem consistência no acontecimento "Jesus Cristo", o Crucificado ressuscitado, e no anúncio de Pedro: "Portanto, que toda a Casa de Israel saiba com plena certeza: esse Jesus que vocês crucificaram, Deus o tornou Senhor e Cristo" (At 2,36) "e o destinou para juiz dos vivos e dos mortos" (At 10,42). "A ele Deus deu todo o poder" (Mt 28,18; Ef 1,20-22), "o tem exaltado e glorificado" (At 2,33; Mc 16,19).

UMA SÚPLICA DE ESPERANÇA

Antes mesmo de Paulo citar a palavra "Senhor", esta expressão surge muito rapidamente. Tem-se a impressão de ser uma

CREIO *Da mente para o coração e do coração para as mãos*

exclamação litúrgica, proveniente de um clamor de angústia e esperança: *Maranathà* (Vem, Senhor Jesus! O Senhor vem!) (1Cor 16,22). Os discípulos aguardam a vinda do seu Senhor: "Estejam vigilantes, porque vocês não sabem qual é o dia que o Senhor de vocês há de vir" (Mt 24,42-51; Mc 13,33-37; Lc 12,35-46).

A súplica de retorno *Maranathà*, "Vem, Senhor Jesus!" (Ap 22,20; *Didaké* 10,6), confirma que, desde o princípio, o Cristo glorificado foi invocado pela Igreja primitiva de Jerusalém como o Senhor que acompanha, fortalece e cuida dos seus servos. "Servo de Jesus Cristo" nada tem a ver com dominação, mas, ao contrário, torna-se um título de honra. "Paulo, servo de Cristo Jesus [nosso Senhor], para ser apóstolo, escolhido para o Evangelho de Deus [...]. Por meio dele é que recebemos a graça e o apostolado [...]" (Rm 1,1ss).

O DINAMISMO DIVINO DE CRISTO

O título "Senhor", confirmado em Cristo, não é nenhuma ameaça ao monoteísmo. "Não há outro Deus senão um só, pois, ainda que existam no céu e na terra os chamados deuses, e nesse sentido há muitos deuses e muitos senhores, para nós existe um único Deus, o Pai. É dele que tudo provém, e é para ele que caminhamos. E há um só Senhor, o Cristo Jesus" (1Cor 8,4-6). O título "Senhor" expressa o que Cristo faz, isto é, o seu dinamismo divino e não diretamente o seu ser. Porém, é evidente que, ao designar Jesus como Senhor, a consciência cristã percebe também a sua divindade.

ONTEM, HOJE E SEMPRE, JESUS É SENHOR

Desde o início da vida e da caminhada cristã, o título divino "Senhor" é uma afirmação de que o poder, a honra e a glória atribuídos a Deus também é de Jesus. Tudo isso tem um efeito real em nossas vidas, como humanos e cristãos. Jamais podemos submeter nossa liberdade pessoal a nenhum poder terrestre, mas somente a Deus Pai e ao Senhor Jesus Cristo: César não é o Senhor. A Igreja crê "que a chave, o centro e o fim de toda a história humana se encontrem em seu Senhor e Mestre" (GS, n. 10,2).

CONCLUSÃO

A oração cristã é marcada pelo título "Senhor", quer se trate do convite à oração "O Senhor esteja convosco", quer da conclusão da oração, "Por Jesus Cristo, nosso Senhor", quer do grito de confiança e esperança: *Maranathà* (1Cor 16,22): "Amém, vem, Senhor Jesus!" (CIC, n. 451).

Concebido pelo poder do Espírito Santo

Entre os humanos, especialmente para os cristãos, este enunciado de nosso "Creio" é considerado como o acontecimento culminante de nossa história. Aqui se confirma o Mistério no qual reconhecemos que a segunda pessoa da Santíssima Trindade se fez homem por obra do Espírito Santo.

Bem sabemos o quanto esse acontecimento foi alvo de negações, até mesmo de heresias e combates. Cito aqui a crença e a postura dos Cátaros e Albigenses, que consideravam Cristo como um anjo que foi enviado para salvar as almas aprisionadas. Negavam sua humanidade e afirmavam ser impossível ele ter assumido um corpo humano, pois Deus não poderia sujar seus pés na terra dos homens. Isso seria uma obra do deus mau. Diante dessas distorções religiosas do tempo, Santo Antônio insistia: "Ele [Cristo] veio para ti, para tu poderes ir a ele".

O enunciado do "Creio" da Igreja Católica: "Concebido pelo poder do Espírito Santo", também já foi tratado como lenda piedosa, para imaginar um argumento que a nada levaria, menos ainda a uma fé cristã. Hoje muita gente prefere nem se perguntar, mas tratar esse acontecimento com fria indiferença. Dentro de uma cultura amarrada ao imanente, que não se preocupa em cultivar a transparência, em vista da transcendência, não é difícil negar o sobrenatural e apenas afirmar o que é natural.

FAZER PERGUNTAS FAZ PARTE DO "CREIO"

A fé cristã não desconhece o caminho humano. A graça supõe a natureza! A pessoa de fé sabe muito bem que a natureza não pode negar a graça, assim como a graça não pode desconhecer e desprezar a natureza. Temos o exemplo mais eminente em Maria, em quem aconteceu a concepção do Filho pelo poder do Espírito Santo.

O momento em que o Filho de Deus é concebido pelo poder do Espírito Santo, inaugura a "plenitude dos tempos" (Gl 4,4). Quando o anjo Gabriel convida Maria a conceber aquele em quem habitará "corporalmente a plenitude da divindade" (Cl 2,9), ela fica perturbada e se dá o direito de fazer uma pergunta que faz parte do diálogo da fé: "Como é que vai ser isso se eu não conheço homem algum" (Lc 1,34)? Logo a resposta lhe é dada: "O Espírito Santo virá sobre ti e o poder do Altíssimo te cobrirá com a sua sombra" (Lc 1,35). A resposta é sem hesitação: "Eis aqui a serva do Senhor; faça-se em mim segundo a tua Palavra" (Lc 1,38). E o Verbo divino se fez homem e habitou entre nós!

PARA DEUS, NADA É IMPOSSÍVEL

Na história de Jesus, há dois momentos nos quais o agir de Deus intervém diretamente no mundo material: o momento em que Jesus é concebido pelo poder do Espírito Santo, seu nascimento da Virgem Maria e sua ressurreição do sepulcro, de onde Jesus saiu e não foi atingido pela corrupção. Evidentemente, esses dois fatos, assim acontecidos, são causa de certo estremecimento para os humanos de todos os tempos, e mais ainda do nosso tempo.

CREIO *Da mente para o coração e do coração para as mãos*

"A Deus é concedido agir sobre ideias e pensamentos, na esfera espiritual, mas não sobre a matéria. Isso perturba; não é ali seu lugar. Mas é precisamente disso que se trata: de que Deus é Deus e se move, não apenas no mundo das ideias. Nesse sentido, em ambos os acontecimentos, trata-se precisamente de Deus ser Deus. Está em jogo a questão: também lhe pertence a matéria? Certamente, não se pode atribuir a Deus coisas insensatas, ou não razoáveis, ou que estejam em contraste com a sua criação, mas precisamente de algo infinitamente positivo: do poder criador de Deus, que abraça todo o ser [...]. *Na concepção e na ressurreição, Deus inaugurou uma nova criação.* Assim, enquanto Criador, ele é também nosso redentor. Por isso, a concepção pelo poder do Espírito Santo, e o nascimento de Jesus da Virgem Maria, são elementos fundamentais de nossa fé e um luminoso sinal de esperança" (Bento XVI. *Jesus de Nazaré*: a infância de Jesus, 2012, p. 47-52).

EM CRISTO, DEUS MOSTROU SEU ROSTO HUMANO

Para a veracidade do nosso Credo, um Deus irreconhecível seria um argumento denso de incredulidade. Deus se encarnou pelo Espírito Santo. "O Verbo se fez carne" (Jo 11,14). É essa realidade que faz a Igreja chamar "Encarnação" ao fato do Filho de Deus ter assumido uma natureza humana, para nela levar a efeito nossa salvação. Um Deus sem carne não teria um rosto em nosso mundo. Deus quis precisar da carne, tornando-se homem, para que em nossa face pudesse brilhar a imagem de Deus, na qual fomos criados.

"É por isso que, ao entrar neste mundo, Cristo diz: 'Não quiseste sacrifícios e oferendas, mas me formastes um corpo. Holocaustos e imolações pelo pecado não te foram agradáveis'. Então eu disse: 'Eis-me aqui' – no rolo do livro está escrito a meu respeito – eu vim, ó Deus, para fazer a tua vontade" (Hb 10,5-7).

Em um hino que nos chega por São Paulo, a Igreja canta este mistério: "Tende em vós os mesmos sentimentos que havia em Cristo Jesus. Ele, que era de condição divina, não se valeu de sua igualdade com Deus, mas aniquilou a si próprio, assumindo a condição de servo, tornou-se semelhante aos homens. Aparecendo como homem, humilhou-se ainda mais, obedecendo até à morte, e morte de cruz" (Fl 2,5-8).

CONCLUSÃO

Nas palavras do Credo, confirmamos que o Verbo eterno se encarnou pelo Espírito. O movimento vem do espírito à carne. Nisso consiste não somente o mistério da encarnação e o nascimento de Jesus, mas também o mistério da nossa própria humanização e santificação. Ao vir em forma corporal, Jesus nos mostra que esse é o caminho para Deus e o caminho da cura e da redenção.

Nasceu da Virgem Maria

Muitas são as profecias que acenam para a vinda do Messias. O profeta Isaías, porém, é o que mais nos aproxima da promessa do Cristo, confirmada no Novo Testamento: "Por isso, o próprio Senhor vos dará um sinal: uma virgem conceberá e dará à luz um filho e o chamará Emanuel – Deus conosco" (Is 7,14).

Em uma homilia em louvor à Virgem Mãe, São Bernardo abade dialoga familiarmente com Maria, suplicando sua resposta positiva ao Anjo da anunciação. Eis o texto: "Ouviste, ó Virgem, que vais conceber e dar à luz um filho, não por obra de homem, mas do Espírito Santo. O Anjo espera tua resposta [...]. Nós também esperamos tua palavra de misericórdia [...]. Com uma breve resposta tua seremos recriados e novamente chamados à vida. Adão implora a tua resposta; Abraão a implora, Davi a implora. O mundo inteiro a espera prostrado aos teus pés. E não sem razão, pois de tua palavra depende o alívio dos infelizes, a redenção dos cativos, a liberdade dos condenados. Apressa-te, ó Virgem, em dar a tua resposta; responda sem demora ao Anjo. Pronuncia uma palavra e recebe a Palavra de Deus; dize uma palavra passageira e abraça a Palavra eterna. Que tua humildade se encha de coragem, tua modéstia, de confiança [...]. Abre, ó Virgem santa, teu coração à fé, teus lábios ao consentimento e teu seio ao Criador".

Nesse diálogo orante de São Bernardo, percebe-se, com clareza, a vocação e missão de Maria, como a escolhida de Deus, em favor de toda a história da salvação. Ela é a mulher que Deus escolheu para fecundar e tecer, em seu ser, o Filho eterno. "Quando chegou a plenitude dos tempos, Deus enviou o seu Filho, nascido de uma mulher, nascido sob a Lei, a fim de que recebêssemos a adoção filial" (Lc 2,7).

DEUS AGE NA HISTÓRIA POR MARIA

O mesmo Deus que, por seu Espírito, deu a vida a todas as coisas, no início da criação do mundo, pela Encarnação, no seio de Maria, dá agora vida a um novo início da humanidade. "Quis Deus, o Pai das misericórdias, que a Encarnação fosse precedida pela aceitação daquela que era predestinada a ser Mãe de seu Filho, para que, assim como uma mulher contribuiu para a morte, uma mulher também contribuísse para a vida" (LG, n. 56). "O nó da desobediência de Eva foi desfeito pela obediência de Maria; o que Eva ligou pela incredulidade, a Virgem Maria desligou pela fé" (Santo Irineu). É assim que Maria é chamada a Mãe dos viventes.

TODA A VIDA DE MARIA
FOI UM "SIM" AO PAI

Não foi por um momento que Maria proclamou o seu "sim". Toda a sua vida foi um "sim" ao Pai. Do presépio até a cruz está confirmada a fidelidade total ao Pai. De Pentecostes até hoje, continua também ressoando o "sim" de Maria que acompanhou o nascimento e acompanha toda a história da Igreja. Assumindo a condição de "serva do Senhor", vive sempre com inalterável confiança naquele para o qual nada é impossível.

CREIO *Da mente para o coração e do coração para as mãos*

MOMENTOS PRIVILEGIADOS NA HISTÓRIA DE MARIA

Considerada como "nova criatura", Maria vive três momentos privilegiados:

- O primeiro é sua *Conceição* imaculada. Por causa de Jesus, a fé cristológica faz a graça recuar em Maria ao projeto divino, confirmando-a como Imaculada Conceição. Maria é "como que plasmada e tornada nova criatura pelo Espírito Santo" (LG, n. 56).

- O segundo é a *Anunciação*: aceitando a mensagem divina, Maria se torna a Mãe de Jesus. Como Mãe de Jesus, o Concílio de Éfeso a chamou de "Mãe de Deus". Interpretando a linguagem poética e simbólica de Lucas, afirma-se a concepção virginal de Jesus. A virgindade de Maria estende-se da concepção para o parto e pós-parto.

- O terceiro é a *Assunção*: "A Virgem Imaculada, conservada imune de toda a mancha de culpa original, concluído o curso de sua vida terrena, subiu à glória celeste com alma e corpo, e foi exaltada pelo Senhor como Rainha do universo, para que mais plenamente fosse conformada com seu Filho, Senhor dos Senhores e vencedor do pecado e da morte" (LG, n. 59).

O DEUS DA PROXIMIDADE VEM A NÓS POR MARIA

Dizia um anônimo ateu que um Deus necessitado de Mãe deveria ser acreditado. Exatamente pela proximidade humana, assumida no ventre de uma mulher, já teria a prova mais evidente de ser o Deus de nossas vidas, para nossa condição humana. Algo totalmente diferente, dentro de nossa igualdade humana, torna-se a prova evidente de um Deus que nos ama. A preservação do pecado não faz de Maria menos ser humano, uma semideusa. Porém, a afirmação de sua virgindade confirma a divina missão de Maria de aproximar Deus de nossa condição para nos humanizar.

"Deus não é um senhor distante que habita solitário nos céus, mas o amor encarnado, nascido como nós de uma mãe, para ser irmão de cada um de nós. Está nos joelhos de sua mãe, que é também nossa mãe e, de lá, derrama uma nova ternura sobre a humanidade [...]. Deus crê na humanidade, da qual sobressai, primeira e incomparável, a sua Mãe [...]. Na Salve-Rainha, chamamos Maria de 'vida nossa'. Parece exagerado, porque a vida é Cristo (Jo 14,6), mas Maria está tão unida a ele e tão perto de nós que não há nada melhor do que colocar a nossa vida em suas mãos e reconhecê-la 'vida, doçura e esperança nossa'" (Papa Francisco, Homilia, 01/01/2019).

CONCLUSÃO

Há momentos na vida em que precisamos de alguém que venha nos lembrar de que "para Deus nada é impossível", que ele nos ama incondicionalmente, independentemente de nossos pecados, e nos mostre este Deus conosco. Maria, como Mãe e modelo de fé, nos acompanha em nosso "Creio" de cada dia. Maria, que gerou o Senhor, nos gera para o Senhor.

Padeceu sob Pôncio Pilatos

Quando proclamamos uma fórmula aprendida, é fácil pronunciar palavras e expressões sem pensar muito no seu todo. Porém, quando nos aprofundamos no significado, seja pelo estudo, seja pela lógica dos fatos, podem surgir surpresas e perguntas que até o momento não nos inquietavam. Aprofundando a oração do nosso "Creio", nesse momento podemos ser surpreendidos pelo salto do que proclamamos antes e o que estamos proclamando agora. Passamos do "nasceu da Virgem Maria" para o "padeceu sob Pôncio Pilatos".

Diante das duas partes do "Creio" que mencionamos, aparecem com evidência estas perguntas: como não declarar a fé na infância e vida oculta de Jesus? E o que ele fez antes de sua morte: suas palavras, suas obras, milagres, anúncio do Reino, no qual reconhecemos o centro de sua mensagem?

O QUE ESTÁ POR TRÁS DO VERBO "PADECEU"?

Na verdade, uma palavra aparentemente comum traz consigo uma força incontida que resume todo o caminho de Jesus, marcado por sua paixão pela causa que o identificou. Em momento algum de sua vida lhe faltou o ritmo do grão de trigo lançado na terra. Nenhum indício de masoquismo marcou sua trajetória aqui na terra. Todo o seu existir foi movido pelo amor, que inaugura o nascimento de uma nova história, com permanentes dores de parto.

O cardeal Carlo Maria Martini, de saudosa memória, com sua sabedoria afirma: "Jesus é a vulnerabilidade de Deus que se oferece ao ser humano, desejando que o homem se enxergue, sinta vergonha de sua mesquinhez e aceite a salvação que este humilhado lhe oferece com o seu silêncio [...]. Deus se oferece a nós para restabelecer-nos; se oferece a nós, em Jesus, para nos inquietar e, ao mesmo tempo, para nos libertar, para fazer-nos entender quem somos".

"PADECEU" DO COMEÇO AO FIM

A vulnerabilidade de Deus perpassa o caminho do presépio até a cruz. Jesus nasceu sem encontrar lugar de acolhida, em um ambiente de extrema pobreza e simplicidade. De imediato vê-se ameaçado de morte por Herodes. "Um anjo apareceu em sonho a José, dizendo: 'Levante-se, pegue o menino e a mãe dele e fuja para o Egito. Fique ali até que eu lhe avise, porque Herodes vai procurar o menino para matá-lo'" (Mt 2,13).

A vida oculta de Jesus em Nazaré acontece com o humilde carpinteiro José e a dona de casa Maria. Em sua casa não só viveu em oração e recolhimento. Ali aprendeu a lidar no escondido trabalho de carpintaria. Aos doze anos, o padecimento envolveu Maria e José pelo desencontro e a perda do filho no Templo. A causa pela qual veio a nós não estava isenta de vulnerabilidade. "Não sabiam que eu devo estar ocupado com as coisas do meu Pai?" (Lc 2,49).

CREIO *Da mente para o coração e do coração para as mãos*

"PADECEU" EM SEU MINISTÉRIO

No diálogo com o Ressuscitado no caminho para Emaús, os discípulos disseram-lhe: "Você não sabe o que sucedeu a Jesus de Nazaré? Ele apareceu como um profeta poderoso, em obras e palavras, diante de Deus e dos homens. Mas os chefes do povo fizeram com que Pilatos o condenasse à morte. E ele foi crucificado" (Lc 24,20).

O ministério público de Jesus já começou cercado de incompreensões e estranhezas. De uma hora para outra, sem explicar nada a ninguém, saiu de casa, começou a pregar como os profetas e até mesmo a fazer milagres. O que mesmo teria acontecido? A multidão, que andava como ovelhas sem pastor, se aglomerava e não dava tréguas para Jesus, nem para comer. "Quando souberam disso, os parentes de Jesus foram detê-lo, porque diziam: 'Ele ficou louco!'" (Mc 3,21).

Jesus teve uma grande aceitação por parte do povo, sempre disposto a aderir a alguém que vive seus problemas, tem dele compaixão e lhe dá esperança. Jesus veio para a "massa deserdada". Padeceu por assumir nossas dores. Isso tudo fez de Jesus um problema para os chefes de Israel. Diante de sua mensagem e de suas obras, perguntavam-se: "O que faremos? Esse homem realiza muitos milagres. Se o deixarmos agir livremente, todos acreditarão nele, virão os romanos e destruirão o lugar santo e nosso país" (Jo 11,47-48). A única solução seria matá-lo!

"PADECEU", MAS PROSSEGUIU OBEDIENTE

Sua obediência não desfalece. "Foi ele que, nos dias de sua vida mortal, dirigiu orações e súplicas, com veemente clamor e lágrimas, àquele que podia salvá-lo da morte, e foi atendido por causa de sua submissão. E, embora fosse Filho, pelos sofrimentos suportados, aprendeu a obediência" (Hb 5,8).

Foi desacreditado, perseguido, abandonado pelos amigos, traído por um deles. Diante do trágico momento final, não escondeu a sua angústia. "Tomou consigo Pedro, Tiago e João, e, começando a sentir medo e angústia, lhes disse: 'Minha alma está em uma tristeza mortal'" (Mt 14,33-34). Na cruz, chegou a sentir-se abandonado pelo Pai: "Meu Deus, meu Deus, porque me abandonastes?" (Mc 15,34).

CONCLUSÃO

Diante do real e intenso padecimento de Jesus, não podemos cair em um dolorismo pessimista. Jesus teve alegrias com a proximidade dos apóstolos; encantou-se com a criação; bendisse ao Pai por ter revelado seus segredos aos simples e pequeninos; amou-nos até o fim (Jo 13,1)! Tudo o que Jesus faz revela a riqueza de sua interioridade. Não só anuncia o Reino, mas o Reino se realiza na sua pessoa. Não foram seus sofrimentos que nos salvaram, mas o amor. O sofrimento elevou o seu amor a uma dimensão inimaginável. A cruz é o grande sinal que confirma até que ponto chega o amor de Jesus pela humanidade.

Sob o poder político de Pilatos

O realismo dos acontecimentos faz com que a história da salvação esteja inserida na história humana. Esta sempre confirma a história de Deus na história dos homens. Não é por acaso que o nosso credo menciona o personagem Pilatos. O "Creio" confirma que Jesus padeceu sob Pôncio Pilatos. Ele representa a potência dominadora de Roma sobre a Judeia. Toda sua ação é movida por interesses políticos e econômicos.

JESUS DIANTE DE PILATOS

Jesus "padeceu" sob Pôncio Pilatos. Padecer por padecer, nada resolve. Porém, padecer por uma causa maior do que a própria vida garante o mais alto título de dignidade. Diante de Pilatos e da multidão amotinada, Jesus confirmou sua identidade e sua missão de um modo surpreendente, carregado de sabedoria e plena dignidade. Diante de um homem aferrado à cadeira, preocupado em não perder o cargo de governador, Jesus é interrogado: "Tu és o rei dos judeus?". Sem rodeios, Jesus responde: "Tu o dizes!". Em um ambiente de pressões e acusações vindas dos anciãos e chefes dos sacerdotes, Pilatos tenta provocar Jesus a uma reação emocional e lhe pergunta: "Não ouves de quantas coisas eles te acusam?". Jesus nada responde, nem sequer uma palavra. Esse silêncio impressiona Pilatos e o deixa entre um fogo cruzado (cf. Mt 27,11-14).

PILATOS DIANTE DO FOGO CRUZADO

De forma alguma Pilatos imagina perder o cargo e a carreira, mas também não quer desgostar a ninguém, nem à consciência, nem ao imperador, nem ao povo. O imperador está longe, mas quem está perto do povo é o governador. Jesus não foge! Não se defende nem reage. Pilatos se vê como um coitado que tem certa cultura, certo senso de responsabilidade e certa dose de honestidade, mas vê-se envolvido em uma grave situação.

Convencido de estar no poder por mérito pessoal, Pilatos quer garantir e salvar tudo: o cargo, as boas graças do imperador, o bom relacionamento com as autoridades judaicas e a popularidade. No meio do jogo de conveniências, Pilatos se lembra de Barrabás. "Na festa da Páscoa era costume o governador soltar um prisioneiro, aquele que a multidão desejasse. Tinham então um prisioneiro famoso, chamado Barrabás" (Mt 27,15-16).

O povo está entusiasmado, o imperador muito contente, as consciências vão se apaziguando, porque vão salvar um criminoso e condenar um justo que andava incomodando. O ingênuo Pilatos tenta dissuadir a multidão com algumas perguntas e procura todas as saídas, exceto a única certa, isto é, fazer valer sua liberdade e sua dignidade.

EM CENA A MULHER DE PILATOS

Na turbulência da multidão manipulada pelo poder dominante, seja o religioso local, representado pelos chefes dos sacerdotes,

CREIO *Da mente para o coração e do coração para as mãos*

seja o político, representado por Pilatos, joguete do imperador, vem a decisão de encaminhar Jesus à morte. A mulher de Pilatos, cujo nome não é citado, sinaliza a intuição feminina diante de um injusto julgamento. "Pilatos estava sentado no tribunal, quando sua mulher lhe mandou dizer: 'Não te envolvas com este justo, porque esta noite, em sonho, sofri muito por causa dele'" (Mt 27,19b-20). Esse aviso pode ter aumentado a incerteza de Pilatos e a turbulência de sua consciência, mas não modificou o rumo da condenação de um justo.

Pilatos sabe que Jesus é inocente, não encontra nele motivo de condenação (cf. Jo 18,38), mas não quer comprometer suas pretensões políticas e complicar a amizade com o imperador César (cf. Jo 19,12-13). Por esse motivo, cedendo à injustiça, Pilatos entrega Jesus para ser crucificado (cf. Jo 19,16). Em um gesto de ridícula omissão, lava as mãos (cf. Mt 27,24). É sempre assim: onde entra o jogo de interesses do poder, o amor não tem lugar.

O QUE JESUS PODERIA TER DITO

Na verdade, o que Jesus disse foi muito pouco: "Tu o dizes" (Mt 27,11). Imaginamos o que Jesus poderia ter dito a Pilatos: "Tu vês! Tu sabes! Se for culpado, estou pronto a ser condenado; se sou inocente, consulta a tua consciência; se és um homem livre, prova-o; esforça-te para que tua dignidade triunfe; questiona-te sobre a inquietação que te corrói; por que tens medo?". Pela primeira vez, Pilatos teve a oportunidade de dialogar, de homem para homem, com alguém que não o bajulava, mas também que não era mal-educado. Se isso tivesse acontecido, teria sido capaz de enfrentar o perigo do tumulto da multidão.

CONCLUSÃO

O diálogo amistoso com Jesus pode garantir personalidades autênticas, livres de tantos absurdos que tornam ridículas diversas decisões e geram tantas condenações injustas. Jesus morre, também, para revelar a Pilatos o caminho da saída. A pessoa é mais importante do que as leis, o carreirismo e a burocracia.

Jesus nos ensina que em todas as circunstâncias é possível uma sincera relação com ele. Sempre se pode encontrar um momento de pausa, até nas situações mais complexas e absurdas, para situarmos o sentido mais profundo, e as pessoas antes das coisas e estruturas.

Podemos concluir perguntando-nos: o que, em nós, existe de Pilatos? O que nos impede de sermos livres? Quais são nossos receios e nossos jogos de conveniência que nos tornam ridículos? O que nos leva a tanta indiferença que nos tira a capacidade de cuidar e acolher o outro? O que garante a nossa fama e nosso bom conceito? "Senhor, que manifestaste teu Filho na pobreza de um homem, revela-nos a nossa realidade humana!"

FOI CRUCIFICADO

A realidade que mais revela os pré-sentimentos do homem Jesus confirma-se diante da morte. Ele não ignorava de que morte deveria morrer. Chega mesmo a descrevê-la antecipadamente a seus apóstolos: "Eis que estamos subindo para Jerusalém. O Filho do Homem será entregue aos chefes dos sacerdotes e doutores da Lei. Eles o condenarão à morte e o entregarão aos gentios para ser desprezado, açoitado e crucificado. Mas ao terceiro dia ele ressuscitará" (Mt 20,18-19).

Em nenhum momento Jesus tentou fugir do seu destino. "Hoje, amanhã e depois de amanhã, devo prosseguir no meu caminho, pois não convém que um profeta morra fora de Jerusalém" (Lc 13,33). O caminho que conduzia a Jerusalém haveria de terminar no Calvário. Jesus sabia disso. Mesmo assim, ele se pôs "resolutamente" nesse caminho (cf. Lc 9,51). Os apóstolos sentiam que aquela viagem era perigosa. Por isso, tinham medo. "Estavam no caminho, subindo para Jerusalém. Jesus ia à frente deles. Estavam assustados e o seguiam com medo" (Mc 10,32).

JESUS SENTIA COMO HUMANO

Consciente dos fatos, desejava que tudo acontecesse o mais rapidamente possível. "Devo passar por um batismo e qual não é minha angústia até que seja consumado" (Lc 12,50). A reação de Jesus, ao chegar a hora, foi angustiante e dramática. "Minha alma está em uma tristeza mortal" (Mt 26,38). Sem sombra de dúvida, podemos afirmar que a agonia foi a tentação decisiva de Jesus. Confirma-se aqui o que São Lucas diz depois de ter narrado a tentação no deserto. "O demônio se afastou, mas para voltar no tempo oportuno" (Lc 4,13).

Agora chega o tempo oportuno. No deserto, a proposta do demônio era de um messianismo terrestre. Jesus rejeitou com determinação. Seu projeto era outro! Mas, quando chegou a hora dramática, a alma de Jesus vacilou: "*Abbá*, Pai! Para ti tudo é possível. Afasta de mim este cálice; porém, não seja o que eu quero, mas o que tu queres" (Mc 14,36). Para os apóstolos, não revelou toda a luta que se passava dentro dele, quando lhes disse: "Vigiai e orai para não cairdes em tentação. O espírito está pronto, mas a carne é fraca" (Mc 14,38). Essa angústia diante da morte foi a suprema tentação messiânica. Ainda havia tempo! Tudo podia tomar outro rumo. Mas ele era o servo sofredor anunciado pelo profeta Isaías.

A DRAMÁTICA CRUCIFICAÇÃO DE JESUS

A atividade de Jesus é violentamente interrompida por um processo sumário e politicamente muito complicado. Em menos de dezoito horas, Jesus foi traído, preso, julgado e executado na cruz. Sobre esse fato assustador da condenação do Crucificado, há uma convergência das fontes históricas, até mesmo dos não cristãos. Todas as interpretações da figura do Messias Jesus, elaboradas nos últimos séculos, giram em torno desse dado indiscutível da história. Quem evocar a cruz a identificará simplesmente com Jesus de Nazaré. Este é o sinal de contradição.

CREIO *Da mente para o coração e do coração para as mãos*

Para os que decidiram a condenação e morte de Jesus para os três dias de cruz e sepultura, esse drama significou a vitória da Lei. Radicalmente questionada por Jesus, ela o revidou e o matou. A maldição da Lei acertou em cheio! A autoridade de Jesus estava sepultada. Seu caminho demonstrou-se sem rumo. O sedutor do povo e falso profeta foi vencido. A Lei venceu o "Evangelho". Assim, Jesus é tratado como o pecado personificado. Como acreditar em sua palavra, depois que ele emudeceu e morreu dessa maneira tão deprimente? Na verdade, na cruz está confirmado todo o Evangelho de Jesus, em palavras e fatos, a novidade única das bem-aventuranças e, sobretudo, o seu ser, como Messias.

A MORTE DE JESUS INTERPRETADA A PARTIR DE SUA VIDA

É historicamente certo que Jesus previu e aceitou conscientemente o destino de morte que se aproximava. Os Evangelhos registram textos significativos que o confirmam: "O Filho do Homem não veio para ser servido, mas para servir e dar a própria vida em resgate por muitos" (Mc 10,45); e as palavras da ceia pronunciadas sobre o cálice: "Bebei dele todos, pois isto é o meu sangue, o sangue da aliança, que é derramado por muitos para a remissão dos pecados" (Mt 26,27-28). Na verdade, o Evangelho é a pessoa de Jesus e a pessoa de Jesus é a sua vida. Por essa vida interpreta-se a morte. Alguns elementos nos ajudam a entender:

- O anúncio do Reino é a grande causa pela qual Jesus sentiu-se enviado e pela qual entregou a sua vida.
- Um Jesus que morre fora da ótica das bem-aventuranças seria um Jesus que renunciou à causa do Reino.

- A singularíssima experiência de Deus como seu Pai é o ponto central de sua autocompreensão. Fazer a vontade dele, incondicionalmente, perpassa toda a sua vida e missão, até mesmo na agonia.

- Ele nada pede das exigências morais apresentadas a seus discípulos que querem segui-lo, a não ser o que ele mesmo abraça de modo radical, e isso, após sua morte, confirma a sua veracidade, garantindo-lhe a ressurreição.

CONCLUSÃO

A resistência humana à "Boa-Nova" desencadeia a dramática condenação do "justo". Todo o Evangelho foi submetido à acusação. O modo de Jesus compreender e sinalizar o Reino não cabia no enquadramento das leis. O novo rosto de Deus que ele revelava confundia radicalmente quem submetia Deus para justificar sua vida e suas práticas. Assim, a condição de Jesus na cruz tornou-se a mais terrível que se possa imaginar. Ali se confirmou o abismo de contradições a que o ser humano pode chegar, mas, ao mesmo tempo, até aonde chega o amor de Deus por nós. Deus está lá onde não deveria estar, mas onde nós precisamos tanto que esteja.

MORREU NA CRUZ POR AMOR

Estamos vivenciando o nosso "Creio". Contemplamos e oramos diante da dramática morte de Jesus! Na verdade, esta só pode ser considerada verdadeira e significativa por um ato de fé: "Creio em Jesus, que morreu na cruz por amor". Quando Jesus sofreu e morreu, ele experimentou o que milhões experimentaram antes e depois dele. O êxito dessa morte se confirmou exatamente por ele não ser diferente de todos os humanos, mas ser inteiramente como eles, menos no pecado. "Aquele que não tinha conhecido o pecado, Deus o fez pecado, para que nós, por meio dele, nos tornássemos justiça de Deus" (2Cor 5,21).

MORTE: CAUSA E CONSEQUÊNCIAS

A pessoa de Jesus aparece e desaparece atrás de sua causa. É a causa de Deus no mundo e na história: a iminente vinda do Reino de Deus. O futuro pertence a Deus. A realidade presente mostra à humanidade o futuro absoluto de Deus. Nada da teocracia ou democracia dos revolucionários zelotas. Nada do juízo de vingança em favor de uma elite dos perfeitos essênios de Qumran, mas a incondicional graça de Deus para os perdidos e miseráveis. Nada de um reino a ser construído à medida dos homens, pelo exato cumprimento da Lei e da moral dos fariseus, mas o Reino final a ser criado pela ação livre de Deus.

Essa causa maior desencadeia as consequências que levaram Jesus à morte. Questionando radicalmente a Lei, esta acionou a sua morte. A maldição da Lei o levou à cruz, como amaldiçoado por Deus. A "justiça melhor", fundada nas ações de misericórdia, foi crucificada pela justiça da Lei. Jesus tornou-se o representante de todos os transgressores. Aparentemente, tudo terminou. "Para Deus não sobra outro caminho senão a morte, não resta senão deixar-se matar por amor de quem o recusa. Qualquer morte traz consigo o sinal de um mistério absoluto e a experiência de uma absoluta incomunicabilidade" (Carlo Maria Martini).

JESUS PREVÊ SUA MORTE

Diante da morte, Jesus não foi pego de surpresa. Com frequência, encontramos nos Evangelhos acenos que revelam um velado pressentimento: "Virão dias em que o noivo será tirado do meio deles" (Mc 2,20). "Nenhum profeta é bem recebido em sua pátria" (Lc 24,24). "Jerusalém, Jerusalém, que mata os profetas e apedreja os que lhe são enviados! Quantas vezes eu quis reunir seus filhos, como a galinha reúne seus pintinhos debaixo de suas asas, mas você não quis!" (Mt 23,37). "Mas os agricultores, ao verem o filho, disseram entre si: 'Esse é o herdeiro. Vamos matá-lo e a herança dele será nossa'" (Mt 21,38).

Mais do que os acenos obscuros, Jesus faz anúncios explícitos de sua paixão e morte: "O Filho do Homem deve sofrer muito, ser rejeitado pelos anciãos, pelos chefes dos sacerdotes e pelos doutores da Lei, deve ser morto e depois de três dias ressuscitará" (Mc 8,31). "O Filho do Homem será entregue nas mãos dos homens e eles o matarão. E morto, depois de três dias, ressuscitará" (Mc 9,31).

Reveladoras são as palavras da última ceia (cf. Mc 14,17-25). Ressoam com força sempre atual as palavras de Jesus, ditas diante da ambição dos discípulos: "O Filho do Homem não veio para ser servido, mas para servir e dar a própria vida como resgate por muitos" (Mc 10,45). "Eu sou o Bom Pastor. O Bom Pastor expõe a sua vida pelas ovelhas" (Jo 10,11). "Eu garanto a vocês: se o grão de trigo, ao cair na terra, não morrer, ficará sozinho. Mas, se morrer, produzirá muito fruto" (Jo 12,24).

PRESO, PROCESSADO E CONDENADO

A narrativa evangélica da paixão desenvolve-se de maneira muito ampla e carregada de informações detalhadas. Essa descrição confere ao fato uma grande força dramática, tanto quanto é a força do amor que está em ação. Em menos de dezoito horas, Jesus foi preso, julgado e executado. Jesus é detido depois de uma intensa oração solitária. Traído pelo apóstolo Judas, abandonado por seus discípulos, Jesus chega diante do tribunal judaico do Sinédrio e, em seguida, diante do procurador romano. Sem defesa nenhuma, é condenado à morte de cruz entre insultos e zombarias. A narrativa destaca o silêncio de Jesus, apenas rompido em algum momento do processo e nas horas de sua agonia.

MORTE POR DEUS E PELO EVANGELHO

Afirma-se que o final de sua condenação à morte teve motivações políticas. Porém, as causas históricas de sua morte são evidenciadas em sua vida pública, pelos conflitos sociais e religiosos que, com sua pregação e sua prática cotidiana, Jesus tinha suscitado no ambiente em que vivia. Jesus foi rejeitado por causa de sua audaciosa liberdade! Sua atividade era interpretada como heresia: transgredia o sábado; opunha-se ao rigor das normas da pureza ritual; autorizava-se poderes de redefinir a Lei; buscava a convivência de pessoas consideradas pecadoras e confirmava o poder de perdoar pecados.

Por seu ser, sua prática e sua mensagem, Jesus fez estremecer a construção da religião judaica. O centro de gravitação foi transferido da observância da Lei para a fé no amor misericordioso do Pai, que pode salvar também os não observantes do culto "sacral do Templo", e para a caridade ao próximo em necessidade; da prática externa dos preceitos para a conversão secreta do coração; e, mais radicalmente ainda, de um deus intolerante para um Deus soberanamente criador no seu amor para com todos e sempre.

No processo de condenação de Jesus, tudo foi posto sob acusação: o seu modo de compreender e anunciar o Reino, a nova face de Deus misericordioso e todo o seu Evangelho. Enfim, não foram alguns atos que levaram Jesus à cruz, mas a sua pessoa. A sentença foi política, mas as causas históricas que o levaram a isso foram religiosas. Ele morreu por causa do seu Evangelho e de seu Deus.

CONCLUSÃO

Concluo esta reflexão citando David Ford: "A face morta de Jesus representa a pessoa plena de Jesus Cristo, mas em uma ausência que exige responsabilidade comparável. Exprime simultaneamente a suprema realização de uma responsabilidade e sua completa entrega. Diante dessa face morta reconhecemos alguém que se entregou completamente por Deus e por nós: está morto por nós; está ausente por nós, é alguém que, com sua morte, cria uma esfera ilimitada de responsabilidade por nós".

CRUZ E MORTE E O CRISTIANISMO

Possivelmente, algum leitor se dê o direito de questionar o motivo que leva a ampliar, refletir e insistir na realidade da crucificação e morte de Jesus. Esse questionamento é salutar e pode ajudar a compreender a fundamental importância da fé na cruz. São Paulo nos oferece a chave da compreensão: "Cristo me enviou, não para batizar, mas para anunciar o Evangelho, sem usar a sabedoria da linguagem, para que a cruz de Cristo não se torne inútil. De fato a linguagem da cruz é loucura para os que se perdem. Mas para os que se salvam, para nós, é poder de Deus" (1Cor 1,17-18).

No aparente derrotado da cruz esconde-se o maior segredo e mistério da história e da humanidade: "Quando eu fui ter com vocês, irmãos, não fui com a excelência da palavra ou da sabedoria para lhes anunciar o mistério de Deus. Pois, entre vocês, eu decidi não saber nada além de Jesus Cristo, e este *Jesus Cristo crucificado*" (1Cor 2,2-3). "Quanto a mim, que eu nunca me vanglorie, a não ser na cruz de Nosso Senhor Jesus Cristo" (Gl 6,14).

NÃO VAMOS PARAR NA CRUZ

Essa é uma reação justa e correta da fé cristã: "Não vamos parar na cruz!". Mas logo podemos reagir em nome da fé, dizendo:

"Mas não vamos fugir dela!", pois, em última análise, o que distingue o cristianismo é Jesus Cristo, enquanto crucificado. Não podemos relativizar a cruz e a morte, polarizando nossa fé no Ressuscitado, correndo o risco de roubar a autenticidade da ressurreição. O que confere distinção à fé cristã em relação às antigas religiões do mundo e aos humanismos modernos é este próprio Cristo, o Crucificado. O que nos preserva de confundir o Cristo com outros messias políticos ou religiosos é o Cristo Jesus, é o verdadeiro e histórico Jesus de Nazaré, o Acontecimento selado pela cruz.

UM ACONTECIMENTO COM DATA, PERSONAGENS E LUGAR

No final de uma manhã de primavera, entre os anos 30 e 33 da nossa era, em uma estrada que mais tarde se chamaria "Via Dolorosa", acontecia um pequeno cortejo. Era um condenado diferente, em tudo e por tudo. Ele estava escoltado por uma divisão do exército romano, carregando o braço transversal da cruz, cuja haste principal já estava colocada no alto do Gólgota, o Calvário. Essa era a última etapa de uma história conhecida por todos, em cujo centro estava a figura inconfundível de Jesus Cristo, o homem crucificado e humilhado. Era um momento carregado pelo peso insuportável das contradições humanas e pela maior leveza da dignidade do amor divino. "O coração do homem é capaz de reunir todas as contradições e de contemplar, ao mesmo tempo, dois abismos: o do alto, o abismo das ideias sublimes, e o de baixo, o abismo da mais vil degradação [...]. Dois abismos simultaneamente" (Fiódor Dostoiévski). Entre esses dois abismos, acontece uma história real que se desenrolou de modo acelerado nos palácios do poder religioso e político e que se concluiu com a pena capital.

CREIO *Da mente para o coração e do coração para as mãos*

OS PASSOS NO CAMINHO PARA A MORTE

- No horto das Oliveiras está Jesus. Ele se destaca solitário e experimenta a agonia: "Meu Pai, se possível, que se afaste de mim este cálice!" (Mt 26,39); encontra os discípulos dormindo e grita: "Vigiai e orai!".

- É traído por Judas e preso. "Judas, com um beijo você entrega o Filho do Homem?" (Lc 22,48).

- Jesus é condenado pelos setenta e um membros do Sinédrio. O julgamento acontece conforme as competências desse tribunal.

- Jesus é negado por Pedro. Naquela noite faz-se ouvir um som que dilacera o silêncio de Jerusalém, mas, sobretudo, a consciência de Pedro: é o canto do galo.

- Jesus é julgado por Pilatos. Que triste lembrança permanente no "Creio" da Igreja: "foi crucificado sob Pôncio Pilatos"! Seu gesto de "lavar as mãos" passou a ser o símbolo da omissão para toda a história.

- Jesus é flagelado e coroado de espinhos. Nele, o Senhor da história, se revela a vulnerabilidade das criaturas. Nele, o "primogênito de toda a criação", se condensa a dor de todos os seres vivos.

- Jesus carrega a cruz. A tradição menciona as três quedas de um humano fragilizado ao extremo, com o peso de uma injusta cruz. Nele está a humanidade doente e fraca. "Desolada, falarás do solo, as tuas palavras virão apagadas pelo pó, a tua voz sairá da terra, como a de um fantasma, a tua voz levantar-se-á do pó como um murmúrio" (Is 29,4).

- Jesus é ajudado pelo Cireneu a carregar a cruz. "Fui encontrado pelos que não me procuravam; manifestei-me àqueles que não perguntavam por mim" (Rm 10,20).

- Jesus encontra as mulheres de Jerusalém. Ele não ignora o gesto de sensibilidade das mulheres. Porém, é ele que se interessa pelos iminentes sofrimentos que elas haveriam de presenciar como consequência de sua rejeição. A elas pede conversão.

- Jesus é crucificado. "Quando eu for levantado da terra, atrairei todos a mim!" (Jo 12,32). Eis a loucura da cruz, perante a qual toda a sabedoria humana só pode desaparecer no silêncio.

JESUS MORRE NA CRUZ

"Já era por volta do meio-dia, quando uma escuridão cobriu toda a terra, até às três da tarde, pois o sol parou de brilhar. O véu do Santuário se rasgou ao meio. E Jesus deu um forte grito: 'Pai, em tuas mãos entrego o meu espírito'. Dizendo isso, expirou" (Lc 23,44-45). O "império das trevas" (cf. Lc 22,53) parece dominar a terra onde Deus morre. O homem mata Deus! Mas Jesus não deixa de ser o Filho de Deus. Naquele momento, todas as mortes e os sofrimentos são perpassados e assumidos pela divindade, são irradiados de eternidade. Neles é lançada uma semente de vida imortal. Neles começou a brilhar um raio da luz divina. Na grande escuridão, acende-se a fé: "Verdadeiramente este homem era Filho de Deus" (Mc 15,39), porque, quem morre assim, transformando em esperança de vida o desespero da morte, não pode ser simplesmente um homem.

Sepultado, desceu à mansão dos mortos

"Eis que havia um homem chamado José, membro do conselho, homem justo e bom. Ele não estava de acordo com a decisão nem com a ação dos outros membros. Era de Arimateia, cidade dos judeus, e esperava o Reino de Deus. Ele foi até Pilatos e lhe pediu o corpo de Jesus. Desceu o corpo da cruz, envolveu-o em um lençol e o colocou em um túmulo escavado na rocha, onde ninguém ainda havia sido colocado. Era o dia da preparação da Páscoa e o sábado começava a reluzir" (Lc 23,50-54).

O *Catecismo da Igreja Católica* (n. 625), em poucas palavras acende uma luz para o fato obscuro do sepultamento de Jesus: "A permanência de Cristo no túmulo constitui o vínculo real entre o estado passível do Cristo, antes da Páscoa, e o seu atual estado glorioso de Ressuscitado. É a mesma pessoa do 'Vivente' que pode dizer: 'Estive morto, mas eis que estou vivo pelos séculos dos séculos' (Ap 1,18)".

Nas horas de silêncio que se seguirão ao sepultamento, Cristo estará, verdadeiramente, como todos os homens que entram no ventre escuro da morte. Tudo parecia um "fim": fim do Reino, fim do Evangelho, fim do profeta, fim de seu projeto. Este não incomoda mais! No entanto, já existe naquele crepúsculo de Sexta-feira Santa um tremor. O Evangelista Lucas acena um detalhe importante: "Já brilhavam as luzes do sábado" das janelas das casas de Jerusalém. A vigília dos judeus nas suas casas se torna quase um símbolo de expectativa daquelas mulheres, daquele discípulo secreto de Jesus, José de Arimateia, e dos outros discípulos.

UM APARENTE ABANDONO TOTAL

Mesmo que algum raio de luz brilhasse no sábado, o túmulo continuava fechado sob uma suspeita dramática e radical. Até a singular união com Deus, que Jesus presumia possuir, constituía o seu singular abandono. Esse Deus e Pai, com quem ele se tinha identificado totalmente até o fim, no final não se identificava com ele. E assim tudo parecia um sonho ou um terrível pesadelo. Ele, que tinha anunciado vivamente a proximidade de Deus e seu Reino diante do mundo, morre e é enterrado, aparentemente abandonado por Deus. Assim, é interpretado publicamente como sem-Deus diante do mundo. Por poucas horas, a causa que estava ligada a Jesus também caiu por terra. Como acreditar na palavra de quem se calou, morreu e foi sepultado?

UM SEPULTAMENTO ANORMAL

Tudo era muito estranho! O Crucificado tinha escapado do sepultamento previsto pelos judeus a quem fosse condenado ao suplício. O costume romano permitia a entrega do cadáver a amigos ou parentes. Nenhum discípulo se apresenta, nem parente, nem amigo, mas apenas um simpatizante, o conselheiro José de Arimateia. Esse homem bom aparece somente aqui e, provavelmente, não se tornará um membro de sua comunidade, mas garante sepultar Jesus em sua sepultura particular.

CREIO *Da mente para o coração e do coração para as mãos*

UMA ESPERA DE DISCÍPULOS

No tempo misterioso do sábado, quando o grão de trigo está silencioso e enterrado, apenas algumas mulheres são testemunhas. Aí e nessa hora germina uma espera que, hoje, domina com tonalidade nova todos os corações de fé, quando se encontram diante de um sepulcro, ou também quando se sentem tocados pela mão fria da doença e da morte. A partir do Cristo sepultado, pode-se esperar uma alvorada diferente. Passado o sábado, esse novo amanhecer aparecerá diante dos nossos olhos de discípulos e discípulas do Crucificado.

UMA MORTE SEM PODER

O *Catecismo da Igreja Católica* (n. 627) afirma: "A morte de Cristo foi uma morte verdadeira, enquanto pôs fim à sua existência humana terrestre. Mas, devido à união que a pessoa do Filho manteve com o seu corpo, não estamos diante de um cadáver como os outros, porque 'não era possível que a morte o retivesse em seu poder'" (At 2,24).

DESCEU À MANSÃO DOS MORTOS

Este artigo do nosso "Creio" certamente aparece como o mais difícil de compreender. Jesus desceu aos infernos. Como expressão que vem do latim, significa descer ao mais baixo. Conforme a ideia mitológica, há no profundo da terra um lugar de condenação. O apóstolo Pedro, referindo-se ao momento mais misterioso de Jesus, afirma em sua primeira Carta: "E no Espírito ele foi anunciar a salvação também aos espíritos que aguardavam na prisão" (1Pd 3-19).

Por mais que se queira apresentar imagens dessa descida aos infernos, elas permanecem pouco apropriadas. Porém, apesar de insuficientes, elas podem nos ajudar a entender algo do mistério. A liturgia aplica à descida de Jesus na noite da morte as palavras do Salmo 24: "Levantai, ó portas, os vossos frontões, elevai-vos antigos portais, para que entre o rei da glória!" (Sl 24,7). A porta da morte está fechada, ninguém dali pode voltar para trás. Não existe uma chave para essa porta. Cristo, porém, possui a chave. A cruz abre as portas da morte, as portas irrevogáveis não são mais intransponíveis. A radicalidade do amor faz da cruz a chave que abre essa porta. Esse amor é mais forte do que a morte.

Os ícones pascais da Igreja oriental mostram como Cristo entra no mundo dos mortos. Sua veste é luz, porque Deus é luz. A noite se torna clara como o dia. As trevas são como a luz (cf. Sl 139,12). Jesus entra no mundo dos mortos com os estigmas da cruz e seus padecimentos, tornando-se poder de amor que vence a morte. Ele encontra Adão e todos os homens e mulheres que esperam o dia, na noite da morte. Ali, tem-se a impressão de ouvir a oração de Jonas: "Clamei a vós do meio da morada dos mortos e ouvistes a minha voz" (Jn 2,3). Na verdade, pensar em uma eternidade sem o amor de Deus seria uma condenação. No momento em que Jesus desce à mansão dos mortos, ele cumpre o caminho da Encarnação. Com sua morte, ele leva Adão pela mão; leva todos os homens em expectativa para a luz.

Ressuscitou ao terceiro dia

Nosso "Creio" vai sendo autorizado e firmado sempre mais à medida que proclama o Acontecimento "Jesus Cristo" como fundamento de nossa fé cristã. Tal Acontecimento torna-se relevante pela Boa-Nova da morte e ressurreição: o *Kerigma*. Este compendia o Mistério de um "amor tão real, tão verdadeiro, tão concreto, que nos proporciona uma relação cheia de diálogo sincero e fecundo" (Papa Francisco, *Christus vivit*, n. 117).

Necessitamos resgatar a centralidade do Mistério Pascal para não diluirmos nossa fé em crenças descartáveis que hoje são oferecidas no mercado de uma religião enganosa e ilusória. É por esse Mistério Pascal que nos é concedida a misericórdia de Deus. Só podemos fazer essa experiência "face a face" com o Senhor Crucificado e Ressuscitado, "que me amou e a si mesmo se entregou por mim" (Gl 2,20).

O CRUCIFICADO VIVE

Nosso "Credo" dá autenticidade à proclamação de nossa fé cristã, porque a distinguimos das antigas religiões do mundo e de certos humanismos modernos. O que distingue o cristianismo é o próprio Cristo. O que nos defende de confundir este Cristo com messias religiosos ou políticos é o histórico Jesus de Nazaré. Em última análise, o que nos impede de confundir o histórico Jesus de Nazaré com falsas representações é o que nos afirma São Paulo: "é Jesus Cristo, e este crucificado" (1Cor 2,2).

CRUZ E RESSURREIÇÃO

O que não nos permite confundir Jesus Cristo com muitos deuses ressuscitados inventados, endeusados fundadores de religiões, césares, gênios e heróis da história universal é este Jesus Cristo, como Crucificado. "Os judeus pedem sinais e os gregos buscam sabedoria, ao passo que nós anunciamos Cristo Crucificado, escândalo para os judeus, loucura para as nações. No entanto, para os que são chamados, tanto judeus como gregos, Cristo é poder de Deus e sabedoria de Deus. Pois a loucura de Deus é mais sábia que os homens e a fraqueza de Deus é mais forte que os homens" (1Cor 1,22-25).

A cruz do Crucificado Ressuscitado é fundamento, força e norma da fé cristã. Dentro da realidade da vida concreta com seus conflitos, há um argumento imbatível: "Jesus é o Senhor!". Este é o credo mais antigo e determinado. A cruz é a linha divisória entre a descrença e a superstição. Evidentemente, essa cruz, à luz da ressurreição, mas também essa ressurreição à sombra da cruz.

A SOLIDARIEDADE DE JESUS

O nosso "Creio" nos coloca dentro do Projeto global de Deus e o aproxima de nossa vida, fazendo-o uma proclamação de nossa fé, ligada à vida e a vida ligada à fé. Dentro dessa visão global, a solidariedade de Jesus por nós não se confirma apenas em alguns

CREIO *Da mente para o coração e do coração para as mãos*

momentos ou em determinados fatos. Todo o seu ser, seu Evangelho e sua prática carregavam a marca da solidariedade da salvação divina. Esta já nos foi dada na Encarnação, mas em uma Encarnação que se realiza através da vida, morte e ressurreição de Cristo. A Encarnação já se dirige para a Páscoa.

UMA NOVA SOLIDARIEDADE

Sem ser pecador (cf. Hb 4,51), o Filho de Deus feito homem existiu em nossa "carne de pecado". Ele se submeteu a todas as consequências dolorosas do pecado do mundo, até à morte. Assim, ele se tornou o "Cordeiro de Deus que tira o pecado do mundo. [...] pela obediência de um só, todos se tornarão justos" (Rm 5,19).

Dentro da perspectiva realista do Novo Testamento, compreendemos as afirmações: "Jesus, nosso Senhor, que foi entregue por nossos pecados, foi ressuscitado para nossa justificação" (Rm 4,24b-25). "Se um só morreu por todos, logo todos morreram. Cristo morreu por todos a fim de que, os que vivem, já não vivem para si, mas para aquele que por eles morreu e ressuscitou" (2Cor 5,14-15). "Porque Deus deu-nos a vida ao mesmo tempo que a Cristo, com ele nos ressuscitou e com ele e por ele nos faz sentar nos céus" (Ef 2,4-6).

Na morte sobre a cruz, Jesus atualizou sua solidariedade para conosco no nível de nossos pecados, isto é, de nossa condição de pecadores. Por Cristo, toda a solidariedade humana no pecado transformou-se em uma solidariedade de salvação.

O CORAÇÃO DO MUNDO ESTÁ MUDADO

No Primogênito de toda criatura, todos os seres são reconciliados. Páscoa significa que o coração do mundo já está mudado.

O princípio de todos os seres já está recriado. O Ressuscitado leva o universo inteiro em sua glorificação. "Quando eu for levantado da terra, atrairei todos a mim" (Jo 12,32). Deus interveio em nosso mundo terrestre e humano, ferido de morte pelo pecado. Deus já começou a transfigurar esta humanidade e este universo em seu corpo ressuscitado. Como um vulcão em erupção, a aparição do Cristo Ressuscitado em nosso mundo manifestou de maneira fulgurante essa mudança essencial. No coração de todas as realidades humanas e terrestres está, para o futuro, Jesus Ressuscitado, novo começo, novo nascimento, nova criação para a eternidade.

MUITO ALÉM DAS APARÊNCIAS

Olhando para este nosso mundo de nossa experiência humana, não vemos essa mudança essencial. O sofrimento e a morte continuam, os pecados e as misérias se multiplicam, as forças do mal se desencadeiam. Tem-se a impressão de que nada mudou e tudo continua como antes da Páscoa. Na realidade, vivemos à superfície! Lembramos que a fé consiste precisamente em afirmar a realidade que não se vê. "É a firme garantia do que se espera, a prova do que não se vê" (Hb 11,1). Toda a humanidade caminha em direção "à redenção de nosso corpo e à libertação gloriosa dos filhos de Deus" (Rm 8,18-23).

CREMOS NA RESSURREIÇÃO

Começo este capítulo confirmando o quanto é importante insistirmos nessa convicção de fé. Por muito tempo dedico-me ao serviço pastoral de uma grande cidade, onde convivem as mais diferentes expressões e crenças religiosas. Impressiona-me como a realidade da morte motiva a busca da comunidade católica, seja para os ritos de encomendação, seja para as missas de sétimo e/ou trigésimo dia. Na maioria dos casos está a tradição do grupo religioso e, até mesmo, a recomendação da liderança do mesmo grupo de celebrar na Igreja Católica. É notória a participação respeitosa, mesmo que não haja a concordância de doutrina.

Sem querer doutrinar nem polemizar, procuro insistir de forma orante, durante a celebração, que "nós cremos na ressurreição". Busco incentivar o gesto da presença, a solidariedade na expressão religiosa e outras manifestações de humanidade. À medida que insisto, de modo orante, percebo que as pessoas, mesmo que creiam na reencarnação, se deixam encantar ou inquietar pela ressurreição, e até mesmo buscam esclarecimentos.

VIDA, AGORA E SEMPRE

Entre os que creem na ressurreição e os que creem na reencarnação, podemos dizer que há algo em comum: "Todos cremos que a vida continua!". Por aí podemos nos aproximar para iniciar um bom diálogo. A verdade sobre a vida humana é clara e digna. Cada pessoa é única, irrepetível e intransferível. Deus, doador da vida, concede a cada pessoa o seu amor e chama a pessoa pelo nome. A salvação oferecida por Jesus é uma redenção de cada pessoa, individualmente, onde entra em jogo o que há de mais sagrado na pessoa, que é a sua liberdade.

A Carta aos Hebreus afirma: "Cabe ao homem morrer uma só vez, depois vem o julgamento. Do mesmo modo, Cristo foi oferecido uma vez por todas, para tirar os pecados da multidão" (Hb 9,27s). A profissão de fé da Igreja é declaradamente esta: mortos e ressuscitados com Cristo, viveremos com Cristo para sempre!

A RESSURREIÇÃO DE CRISTO E A NOSSA RESSURREIÇÃO

O vigor da fé proclamada e vivida nos garante que a ressurreição de Jesus é que resolve o problema de nossa vida e de nossa morte. "Se não existe ressurreição dos mortos, então Cristo também não ressuscitou. E se Cristo não ressuscitou, vazia é a nossa pregação, e vazia é também a fé que vocês têm" (1Cor 15,13). O movimento histórico iniciado por Jesus deslanchou, de verdade, somente após a sua morte. As comunidades do Novo Testamento estão estimuladas e animadas pela certeza de que, o que foi morto, não permaneceu na morte, mas vive, e vive para sempre. Todos os que aderem a ele com confiança, nele também viverão.

A nova e eterna vida de Um tornou-se real esperança e certeza para todos. "Eu sou a ressurreição. Quem acredita em mim, ainda que morra, viverá. E todo aquele que vive e acredita em mim, não morrerá para sempre" (Jo 11,25-26). "Deus, que ressuscitou

CREIO *Da mente para o coração e do coração para as mãos*

o Senhor, também nos ressuscitará por seu poder" (1Cor 6,14). É por isso que o cristão é a pessoa que crê apaixonadamente na vitória da vida.

HÁ QUEM NOS AJUDE A CRER NO RESSUSCITADO

Além da Palavra de Deus, que já seria suficiente para crermos na ressurreição e na vida eterna, temos ajudas humanas de pessoas sábias e santas. Assim acontece com a contribuição preciosa dos Padres gregos, bizantinos, russos e de todas as liturgias orientais, com esta proclamação: "Para procurar as ovelhas perdidas, o Senhor da glória desce à nossa terra arruinada e, não encontrando a todas, vai até os infernos da morte eterna. Ali, ele triunfa dos poderes satânicos, arranca-lhes a humanidade perdida e a introduz por sua própria ressurreição e ascensão, no céu eterno do Pai".

Fiódor Dostoiévski, sensibilizado pelo "tormento de Deus", manifesta sua fé inquieta e nos diz: "Nós cremos que não existe nada de mais belo, mais profundo, mais simpático, mais viril e mais perfeito do que o Cristo. Deus é o centro de nossas aspirações mais profundas. Deus é Tudo! Mas o único caminho que nos leva ao Pai é Cristo. O verdadeiro sentido de nosso viver depende de uma só coisa: reconhecer ou não o Cristo por ideal definitivo do homem sobre a terra. Se creres em Cristo, acreditarás também que viverás eternamente". Como seres finitos, carregados de desejos infinitos, comprovamos que a imortalidade é uma necessidade fundamental da existência humana. Somente ela garante um sentido à vida e permite o desabrochamento total, no eterno, do esforço de ascensão, tentado pelo homem na vida terrena.

O Mistério Pascal nos ensina a ler a história por dentro e a avaliar as coisas e as pessoas de acordo com a dimensão definitiva. Assim, nós valemos pelo que vale a morte de Cristo na cruz. É por isso que a nossa vida é sagrada e nossos direitos são invioláveis.

A FÉ NO RESSUSCITADO, ABERTURA DE ESPERANÇA

Um dos piores dramas da humanidade atual é sentir-se aprisionada, apenas no aqui e agora, como se estivesse em uma redoma fechada e sem horizontes. Quando se obscurece a fé na ressurreição de Jesus, ou quando nos deixamos envolver pelas sombras da indiferença e da superficialidade, corremos o risco de nos fechar apenas no horizontal do imediatismo da vida. A ressurreição de Cristo nos garante uma luz nova dentro das realidades cotidianas e nos oferece uma força incontida de esperança. "É isto que nos leva a viver com maior confiança as realidades diárias, a enfrentá-las com coragem e compromisso" (Bento XVI).

AMAR É DIZER AO OUTRO: "VOCÊ NÃO MORRERÁ!"

Tudo o que fomos refletindo neste artigo confirma esta frase de Gabriel Marcel: "Amar é dizer ao outro: 'Você não morrerá!'". O Credo nos convida a confiar-nos ao mistério da vida. E desse mistério fazem parte o nascimento, a morte e a ressurreição. A ressurreição de Cristo é a garantia da vida para além da vida. Só o amor é eterno, no amor daquele que deu a vida para que nele todos tenham vida plenamente.

Subiu aos céus; está sentado à direita de Deus Pai

Para podermos entender melhor e viver este enunciado do nosso "Creio", é importante começar com a oração da coleta da festa da Ascensão: "Ó Deus todo-poderoso, a ascensão de vosso Filho já é a nossa vitória. Fazei-nos exultar de alegria e fervorosa ação de graças, pois, membros de seu corpo, somos chamados na esperança a participar de sua glória. Por Nosso Senhor Jesus Cristo, na unidade do Espírito Santo. Amém!".

O QUE CONFIRMAMOS AO REZAR "SUBIU AOS CÉUS"

Na fórmula do nosso "Creio" não importa saber como e onde foi esse acontecimento, ou como podemos imaginá-lo. Isso confere ainda mais veracidade à fé pessoal da Igreja. O certo é que a vida terrena de Jesus culmina com o fato da Ascensão, onde ele passa deste mundo para a direita do Pai. Definitivamente, Jesus Cristo tornou-se Senhor. O Pai o associou à sua vida, ao seu poder de amor sobre a humanidade e o mundo. "Missão cumprida!"

O *Catecismo da Igreja Católica* (n. 662) afirma que "a elevação na cruz significa e anuncia a elevação da ascensão aos céus". Jesus subiu aos céus e levou consigo toda a humanidade. Em toda a caminhada da Encarnação, Jesus foi levando consigo a todos. Tudo o que existe em nós, está agora junto com Jesus, no céu. Em Jesus fomos exaltados até Deus.

"Jesus vai para o céu e leva ao Pai um presente: as suas chagas. Quando o Pai olha as chagas de Jesus, perdoa-nos sempre, não porque somos bons, mas porque Jesus pagou por nós. Olhando para as chagas de Jesus, o Pai se torna mais misericordioso. Este é o grande trabalho de Jesus hoje no céu. Fazer ver ao Pai o preço do perdão, as suas chagas" (Papa Francisco).

Todas as Igrejas cristãs celebram essa volta de Jesus ao Pai, quarenta dias após a Páscoa. Com a Ascensão ao céu, conclui-se a presença humana de Cristo no contexto histórico e inicia-se a história da Igreja e sua missão no mundo, sempre contando com a presença viva de Jesus até o fim dos tempos.

TERRA E CÉU SE UNEM NA VITÓRIA

Referindo-se a essa unidade, Santo Agostinho proclama: "O Senhor Jesus Cristo não deixou o céu, quando de lá desceu até nós; também não se afastou de nós, quando subiu novamente aos céus. Ele mesmo afirma que se encontrava no céu quando vivia na terra, ao dizer: 'Ninguém subiu ao céu, a não ser aquele que desceu do céu, o Filho do homem, que está no céu' (Jo 3,13). Isso foi dito para significar a unidade que existe entre ele, nossa cabeça, e nós, seu corpo" (Sermão da Ascensão do Senhor, século V).

Essa subida aos céus, pela ascensão, supera a dicotomia entre céus e terra. Jesus sobe e está sentado à direita do Pai, precedendo e levando consigo, como um rei e como um Filho predileto, a humanidade no paraíso, ali onde está Deus. Jesus tinha descido aos infernos para salvar Adão. Com a Ascensão, confirma que o céu é o destino que todo ser humano deve almejar. A santidade é o grande ideal que Deus propõe para todos; é o chamado que deve animar cada pessoa a configurar o seu viver em Cristo, na história real de cada dia.

CRISTO NUNCA NOS DEIXOU

"A Ascensão, nem para Cristo nem para nós, indica ausência, mas confirma-nos que ele está vivo no meio de nós de modo novo; já não se encontra em um lugar específico do mundo, como antes. Agora está no senhorio de Deus, presente em cada espaço e tempo próximo a cada um de nós. Em nossa vida nunca estamos sozinhos. O Senhor Crucificado Ressuscitado orienta-nos" (Bento XVI, Audiência, 17/04/2013).

Santo Agostinho confirma essa conexão com aquele que foi elevado, mostrando que ele "continua sofrendo na terra através das tribulações que nós experimentamos como seus membros. Deu testemunho dessa verdade, quando se fez ouvir lá do céu: 'Saulo, Saulo, por que me persegues?' (At 9,4). E ainda: 'Eu estava com fome e me deste de comer'" (Mt 25,35).

EM NOME DO CÉU, NÃO SE FOGE DA TERRA

A felicidade eterna não começa repentinamente depois desta vida, aqui e agora. Não condiz com a fé cristã um modo alienante de religião. "Entre as formas de ateísmo contemporâneo, não deve ser esquecida aquela que espera a libertação do ser humano, principalmente sua libertação econômica e social. Sustenta que a religião, por sua natureza, impede esta libertação, à medida que, estimulando a esperança do homem em uma quimérica vida futura, o afastaria da construção da cidade terrestre" (*Gaudium et spes*, n. 20).

É significativa a narrativa da subida de Jesus ao céu e o comportamento dos apóstolos. Cristo lhes garante a vinda do Espírito Santo para a missão deles em Jerusalém, na Judeia, na Samaria e até os confins da terra. Depois se elevou diante deles. Como os apóstolos estavam absorvidos com a cena, dois homens vestidos de branco lhes disseram: "Homens da Galileia, por que estão ali parados, olhando para o céu?" (At 1,11).

Em muitos momentos da história, principalmente nos mais críticos, nós cristãos fomos acusados de ter fixado demais os olhos no céu e esquecido os problemas da terra. Uma esperança mal entendida levou muita gente a cruzar os braços, a abandonar a construção da terra e, inclusive, a suspeitar das conquistas humanas nesta vida. Crer no céu é procurar ser fiel a esta terra até o fim, sem defraudar nem desprezar as aspirações humanas.

PRECISAMOS RESGATAR O EQUILÍBRIO

Nem demais ao céu nem demais à terra! Jesus Cristo nos adverte fortemente: "Quem quiser salvar a própria vida, vai perdê-la. Mas quem perder a própria vida por causa de mim e do Evangelho, a salvará. De fato, o que adianta alguém ganhar o mundo inteiro, e perder ou destruir a si mesmo?" (Lc 9,24-25).

A esperança de um "novo céu e uma nova terra", longe de nos alienar, deve nos estimular no cuidado e na solicitude pelo

CREIO *Da mente para o coração e do coração para as mãos*

aperfeiçoamento desta terra. "Por isso, ainda que o progresso terreno deva ser cuidadosamente distinguido do crescimento do Reino de Cristo, contudo, é de grande interesse para o Reino de Deus, na medida em que contribui para organizar a sociedade humana" (*Gaudium et spes*, n. 39).

VIRÁ JULGAR OS VIVOS E OS MORTOS

Esta parte do "Creio" que professamos traz consigo as marcas históricas do medo, da angústia e, muitas vezes, do terror. As realidades últimas às quais o ser humano chega ao final desta vida – morte, juízo, inferno, paraíso – chamam-se "novíssimos". Se até para Cristo a realidade da morte foi causa de angústia, tanto mais para nós, humanos. O juízo, medido por amor e não amor, também pode nos atemorizar ou nos animar. No pré-Concílio Vaticano II, o teor das pregações, o conteúdo dos retiros, o apelo à conversão e a motivação da oração polarizavam-se acentuadamente nos novíssimos. Acentuava-se mais o temor do que o amor.

A arte, principalmente a música e a pintura, tinha nos novíssimos fecundas inspirações. Destacamos na música a Missa de Requiem, com o dramático *Dies irae*, tanto de Giuseppe Verdi como de Mozart. Tomás de Celano, autor da letra, imprime nela a dramaticidade do mistério do juízo final, bem interpretado pelos compositores mencionados. Na pintura, destacamos o *Juízo Final*, de Michelangelo Buonarroti, inspirado na narrativa bíblica. O Cristo, parte central da composição, é o juiz dos eleitos que sobem ao céu à sua direita, enquanto os condenados, abaixo de sua esquerda, esperam Caronte e Minos. A ressurreição dos mortos e os anjos tocando trombeta completam a obra.

O JULGAMENTO NOS ACOMPANHA

O juízo final é uma confirmação da pedagogia do amor de Deus que nos acompanha a cada dia, para nos educar no amor, no qual e para o qual somos chamados a viver. Não há atleta que entre em campo para perder. Para tanto, investe todas as habilidades, a cada minuto, tendo em vista a vitória. Não há estudante sensato que não aproveite o dia a dia para aprender e poder ser aprovado. Como humanos, sabemos que somos finitos, mas andamos carregados de desejos infinitos. Não podemos nos trair, perambulando no tempo que nos é dado como único, para chegar a lugar nenhum. Nossas mais profundas aspirações merecem atenção e resposta.

Constantemente, o que há de mais sagrado em nós chama-nos a nos deixar corrigir por Deus. Sabemos que em nós existe uma forte tendência de nos afastarmos de Deus para andar em nossos próprios caminhos, com o risco de tomarmos a direção errada. Prestando atenção no julgamento, percebemos que, a cada momento, precisamos redirecionar-nos para Deus, não permitindo que o egoísmo tome conta de nós.

CHAMADOS A DISCERNIR E VIGIAR

O presentismo, como fixação no aqui e no agora, pode nos trair, deixando-nos indiferentes e alienados diante do precioso mistério da vida. "O ser humano é um mistério. É preciso desvendá-lo. Se você passar toda a sua vida dando-lhe atenção e dele viver, não terá perdido o seu tempo. Vivo meditando neste mistério, porque eu quero ser um humano" (Fiódor Dostoiévski).

CREIO *Da mente para o coração e do coração para as mãos*

Há mecanismos em nós que muitas vezes nos levam à traição de nós mesmos e a pôr em risco o nosso destino. A Campanha da Fraternidade de 2020 apresentou um amplo tema de reflexão e responsabilidade: "Fraternidade: vida, dom e compromisso". Somos seres em constante possibilidade de contradição. Há momentos em que nos achamos maduros para o heroísmo e, ao mesmo tempo, em risco de todas as baixezas.

Somos um mistério de luz e de trevas, de grandeza e de miséria. Temos necessidade de cultivar um segredo, isto é, chamar a nossa consciência a ver, julgar e agir, para que esse potencial de contradição aprenda a discernir e nos garanta o êxito no juízo final. Nossa consciência é o lugar onde nos deixamos redirecionar para Deus, a partir de nosso saber mais íntimo e daquela luz que habita em nós, a partir do Ressuscitado.

O Documento do Concílio *Lumen gentium* (n. 131) nos lembra: "'Enquanto estamos no corpo, vivemos ausentes do Senhor' (2Cor 5,6). Embora tenhamos as primícias do Espírito, gememos em nós mesmos (cf. Rm 8,23) e desejamos estar com Cristo (cf. Fl 1,23). Por isso, nos esforçamos para sermos agradáveis em tudo ao Senhor (cf. 2Cor 5,9). Como desconhecemos o dia e a hora, conforme advertência do Senhor, vigiemos constantemente, a fim de que, terminado o único curso de nossa vida terrestre, possamos entrar com ele para as bodas e mereçamos ser contados com os benditos (Mt 25,31-46)".

O RISCO DA ÚLTIMA HORA

A última hora pode ser tarde demais. A autossuficiência farisaica é sempre um risco de fechamento, rejeitando a proposta salvífica do amor de Deus. Rejeitar a salvação resulta na ruína do ser humano (cf. Mt 7,24-27). A decisão para a acolhida do dom de Deus não pode ser empurrada para a última hora. Pode ser tarde demais! Temos três textos evangélicos que nos ajudam a entender essa realidade:

a) *As dez Virgens* (Mt 25,1-13): dez jovens esperam a chegada do esposo. Ele se atrasa e todas dormem. Repentinamente chega o esposo. Acordam para recebê-lo. Cinco prudentes tinham óleo em suas lâmpadas e as cinco imprudentes permanecem com as lâmpadas apagadas. Enquanto vão comprá-lo, fecham-se as portas. Elas voltam e batem, mas já é tarde. O esposo é o Senhor. No tempo da espera nos oferece paciência, misericórdia. É o tempo da vigilância para manter acesas nossas lâmpadas de fé, de esperança e de caridade. A única coisa que nos é pedida é que estejamos preparados para o encontro.

b) *Parábola dos talentos* (Mt 25,14-30): Antes de partir, o senhor faz o gesto de confiança aos servos. A um confia cinco talentos, ao segundo dois e ao terceiro um. No tempo da ausência, dois multiplicaram seus talentos. O terceiro escondeu-o por medo. Quando o senhor regressa, pede contas e elogia os dois primeiros que investiram e fizeram render em dobro o que fora confiado. O terceiro, que enterrou seu talento por medo, é expulso para as trevas. A espera da volta do Senhor é o tempo da ação, do amor, e não da omissão e do medo.

c) *O juízo final* (Mt 25,31-46): Neste Evangelho de Mateus, estão claros os critérios de nosso julgamento. Seremos julgados por Deus na medida de nossa caridade, conforme o modo de amar nossos irmãos, especialmente os mais frágeis e necessitados. Nossa atenção ao juízo final nos leva a viver melhor e com verdadeira dignidade o nosso presente. Deus nos oferece o tempo da vida com misericórdia e paciência, a fim de aprendermos todos os dias a reconhecê-lo nos pobres e nos pequeninos.

No entardecer da vida, seremos julgados pelo amor
(São João da Cruz)

Pela tradicional doutrina, sabemos que Jesus virá no final dos tempos para julgar todas as nações. Porém, para cada um de nós, a vinda de Jesus é diária. De muitos modos ele vem a nós e nos pede para acolhê-lo. Ele vem como faminto, sedento, encarcerado, doente, nu e peregrino. A cada dia ele nos põe à prova e nos chama a dar uma resposta de amor. "'Tudo aquilo que fizestes a um só destes meus irmãos mais pequeninos, a mim o fizestes.' Estas palavras nos tocam sempre, porque nos revelam até que ponto chega o amor de Deus: até o ponto de se identificar conosco, mas não quando estamos bem, quando somos sãos e felizes, mas sim quando estamos em necessidade. É dessa forma escondida que ele se deixa encontrar. Assim Jesus revela o critério decisivo do seu juízo, isto é, o amor concreto para com o próximo em necessidade" (Papa Francisco, *Angelus*, 26/11/2017).

A HORA DA VERDADE NO ESPELHO DO AMOR

Se a cada dia somos provados e chamados a dar uma resposta de amor, Cristo acena para o momento supremo da pessoa e confirma os critérios decisivos de sua salvação ou condenação, de sua bênção ou maldição, da acolhida ou da exclusão, enfim, da eternidade. A hora da verdade coloca a vida diante do espelho do amor. A parábola do juízo final pode despertar em nós uma reação um tanto incômoda, mas realista.

Como o pastor separa as ovelhas dos cabritos, assim ele vai separar os justos dos ímpios. Mesmo que no julgamento esteja cada pessoa, trata-se de um juízo universal. Os justos estarão à sua direita, lugar de honra segundo a tradição rabínica; e os ímpios, à sua esquerda. Os critérios para o "Vinde, benditos!" deixam surpresos os justos, que perguntarão: "Mas quando foi que te vimos assim...". Logo vem a resposta: "Sempre que fazíeis aos meus irmãos, era a mim que o fazíeis". Aos outros dirá: "Ide, malditos, para o fogo eterno!". Os critérios para a condenação também deixarão surpresos os ímpios. "Mas quando foi que te vimos assim e negamos ajuda?". O Rei responderá: "Quando deixastes de fazer a um dos meus irmãos, foi a mim que o deixastes de fazer" (cf. Mt 25,34-46).

"QUANDO FOI QUE TE VIMOS ASSIM?"

Retomando a parábola do juízo final, temos a impressão de que, nesse dia, cristãos e não cristãos se darão conta de que não tinham conhecido verdadeiramente o Cristo, visto que todos fazem a mesma pergunta: "Senhor, quando foi que te vimos...?". Com a sua resposta, Cristo desfaz todas as nossas categorias pré-fabricadas de uma religião formalista, legalista e ritualista. Todos passaremos pelo mesmo teste: o amor em atos e em verdade. O juízo desenrola-se conforme um único critério universal, válido para todos. O ateu pode percorrer as ruas do mundo sem encontrar aparentemente a

CREIO *Da mente para o coração e do coração para as mãos*

Deus, mas não pode deixar de cruzar com o próximo mais pobre, menos livre, mais oprimido, mais só, doente ou andarilho.

NOSSOS TÍTULOS NÃO NOS JUSTIFICAM

O que pode nos deixar desconcertados, como cristãos, clérigos ou religiosos, pessoas piedosas e praticantes, é que esse critério de amor ao próximo se aplique igualmente a todos, ao sermos julgados, nós "que comemos com Cristo e o escutamos nas ruas e praças" (Lc 13,26). Quem amou os irmãos, sem fins interesseiros, para Deus é aprovado como justo. Quem não tiver amado, mesmo que tenha rezado muito e declarado sua fé, para Deus é um ímpio.

Diante do juízo de Deus, não há como apresentar um *curriculum vitae* com belos títulos de celebridade, ou com grandes êxitos em qualquer campo da atividade humana: "Muitos me dirão naquele dia: 'Senhor, Senhor, não foi em teu nome que profetizamos? Não foi em teu nome que expulsamos demônios? E não foi em teu nome que fizemos tantos milagres?' Então eu declaro a eles: 'Jamais conheci vocês. Afastem-se de mim, malfeitores!'" (Mt 7,22-23).

ÚLTIMOS QUE SERÃO PRIMEIROS E PRIMEIROS, ÚLTIMOS

Depois que Jesus falou da necessidade da vigilância e do empenho para entrar pela porta estreita, ele dirá aos que estão batendo para entrar: "Vocês começarão a dizer: 'Nós comíamos e bebíamos diante de ti e tu ensinavas em nossas praças!'. Mas o dono da casa responderá: 'Não sei de onde vocês são. Afastem-se de mim, todos vocês que praticam injustiça! [...]'. Muita gente virá do Oriente e do Ocidente, do norte e do sul, e tomarão lugar à mesa do Reino de Deus. Vejam: há últimos que serão os primeiros e primeiros que serão os últimos" (Lc 13,26-30). São Paulo diria mais tarde, em seu hino da caridade: "Se não tiver caridade, de nada me servirá lançar meu corpo às chamas ou distribuir todos os meus bens aos pobres [...]" (1Cor 13,3).

O QUE VALEU A PENA?

No entardecer da vida, poderemos olhar para o passado de nossas vidas, confrontá-lo com o dia de nosso julgamento e nos perguntar: "O que mesmo valeu a pena? Valeu ter sido clérigo, religioso, leigo engajado na Igreja, pai ou mãe de nobre família? Foi bom ter contabilizado uma grande soma de missas participadas, confissões, observâncias etc.? Valeu a pena ter conquistado título de doutorado, pós-doutorado, e ter sido um dos homens ou mulheres notáveis no mundo da ciência, da arte, da filosofia ou teologia?". Aqui cabe muito bem a frase do poeta Fernando Pessoa: "Tudo vale a pena, quando a alma não é pequena!". Madre Teresa costumava afirmar que, em geral, não somos hábeis para grandes coisas, mas sempre podemos fazer as pequenas coisas com grande amor. Isso é tudo!

CULTIVAR UMA ESPIRITUALIDADE DE COMUNHÃO

Na passagem para o terceiro milênio, o então Papa São João Paulo II, na Carta apostólica *Novo millennio ineunte*, fala da necessidade de cultivarmos uma espiritualidade de comunhão. Essa proposta é um caminho constante para o exercício do amor. Importa ter o olhar do coração voltado para o mistério da Trindade que habita em nós e cuja luz há de ser percebida também no rosto dos irmãos que estão ao nosso redor. Eles fazem parte de mim, com quem devo partilhar alegrias e sofrimentos; intuir seus anseios; dar remédio às suas necessidades, oferecendo-lhes vida e dignidade. Cada irmão, cada irmã, é um dom de Deus e um compromisso nosso.

CREIO NO
ESPÍRITO SANTO

Não é estranho que ainda hoje se ouça dizer que o Espírito Santo é o "Deus desconhecido". Evidentemente, o que mais importa não é conhecê-lo com lógicos tratados e elucubrações da mente humana. Crer não significa saber tudo, nem mensurar tudo ao nosso tamanho. Gilbert Chesterton, teólogo, escritor e poeta, dizia que, para o ser humano, o importante não é colocar o mistério na cabeça, mas a cabeça no mistério.

Para começar bem o "Creio no Espírito Santo", penso ser oportuno atualizar as sábias palavras do Patriarca ecumênico de Constantinopla, Atenágoras. Com linguagem clara e decidida, apresentou o Espírito da novidade em Cristo, dizendo: "Sem o Espírito Santo, Deus está distante, o Cristo permanece no passado, o Evangelho uma letra morta, a Igreja uma simples organização, a autoridade um poder, a missão uma propaganda, o culto um arcaísmo, a ação moral uma ação de escravos. Mas, no Espírito Santo, o cosmos é enobrecido pela geração do Reino, o Cristo Ressuscitado se faz presente, o Evangelho se faz força do Reino, a Igreja realiza a comunhão trinitária, a autoridade se transforma em serviço, a liturgia é memorial e antecipação, a ação humana se deifica".

O ESPÍRITO DE DEUS PRESENTE
E ATUANTE DESDE SEMPRE

Na primeira estrofe de uma canção de súplica ao Espírito Santo, que há anos compus, eu afirmava: "Presente no início do mundo, presente na criação, do nada geraste a vida, que a vida não sofra no irmão". No Credo niceno-constantinopolitano, professamos com fé: "Creio no Espírito Santo, que é Senhor e fonte de vida". A esse propósito, o Papa Francisco nos diz: "Eu quero insistir no fato de que o Espírito Santo é a fonte inesgotável da vida de Deus em nós. O homem de todos os tempos e lugares deseja uma vida plena e bela, justa e boa, uma vida que não seja ameaçada pela morte, mas que possa amadurecer e crescer até à plenitude. O homem é como um viajante, atravessando os desertos da vida. Tem sede de água viva, abundante e fresca, capaz de saciar seu profundo desejo de luz, de amor, de beleza e paz. Todos nós sentimos esse desejo! E Jesus nos dá essa água viva, o Espírito Santo que procede do Pai e que Jesus derramou em nossos corações. 'Eu vim para que todos tenham vida, e a tenham em abundância'" (Jo 10,10).

UMA HISTÓRIA QUE NOS
AJUDA A CRER MELHOR

Os primeiros Concílios da Igreja procuraram esclarecer a natureza de Jesus, superando o fechamento monoteísta dos judeus. Eles não aceitavam nenhuma outra pessoa divina. No século IV, entra em cena a questão do Espírito Santo. São Gregório Nazianzeno (329-390) apresenta uma síntese da evolução da fé cristã a respeito das pessoas trinitárias: "O Antigo Testamento pregava claramente o Pai. De forma mais obscura o Filho; o Novo Testamento manifestou o Filho e insinuou a divindade do Espírito. Atualmente, o Espírito habita em nós e se manifesta a nós mais claramente".

O caminho inicial da Igreja não foi o mais fácil. Os judeus e pagãos que se tornavam cristãos tinham grande dificuldade para digerir o dogma da Trindade. Na caminhada até nós, tudo foi se tornando mais favorável para acolher esse mistério de amor. O Novo Testamento já traz fórmulas litúrgicas trinitárias. Por exemplo: "A graça de Nosso Senhor Jesus Cristo, o amor do Pai e a comunhão do Espírito Santo estejam convosco" (2Cor 13,13).

Nos primeiros séculos da Igreja, propagavam-se verdadeiras *fake news* em relação ao Espírito Santo. Ele era anunciado apenas como uma força, um instrumento de Deus, criado para agir em nós e no mundo. Nessa realidade interferem os Padres da Igreja, como Atanásio, Basílio, Gregório Nazianzeno, para confirmar que o Espírito Santo participa com o Pai e o Filho da mesma divindade, na idêntica substância.

Em meio às confusões do tempo, costumava-se rezar: "Glória ao Pai pelo Filho no Espírito Santo". São Basílio destaca a divindade do Espírito Santo e ensina a rezar: "Glória ao Pai, com o Filho, com o Espírito Santo". Em nossos dias, após um caminho de discernimento, rezamos a fórmula mais clara quanto à igualdade das pessoas divinas: "Glória ao Pai, ao Filho e ao Espírito Santo". O mesmo vale dizer para o sinal da cuz: "Em nome do Pai e do Filho e do Espírito Santo". Aqui vale uma advertência diante de certas fórmulas cantadas do sinal da cruz. A correta é a oficial da Igreja. Não louvamos três deuses, mas um só Deus em três pessoas.

O ESPÍRITO SANTO, O DOM DE DEUS

"Deus é amor" (Jo 4,8-18). O amor é a fonte de todos os dons. "Esse amor, Deus o derramou em nossos corações pelo Espírito Santo que nos foi dado" (Rm 5,5). O dom do Espírito Santo é a plenitude da Páscoa. Com a vinda do Espírito Santo, manifesta-se a riqueza da vida nova do Ressuscitado na vida e na missão dos discípulos. A "plenitude" do Espírito é a característica dos tempos messiânicos. O dom do Espírito inspira em todos os tempos os atos de bondade, justiça e comunhão, até que encontremos em Cristo o seu sentido definitivo.

É com razão que a Igreja ora no último domingo da Páscoa: "Ó Deus, nossa consolação, na alegria desta festa em que iluminais com o fogo do vosso amor as comunidades de todos os povos e nações, derramai sobre o universo inteiro o dom generoso do vosso Espírito e realizai agora no coração da Igreja as maravilhas que operastes no início da pregação do Evangelho".

O Espírito Santo, como dom de Deus, manifesta-se em Pentecostes nos sinais do vento forte e do fogo, que lembram a manifestação de Deus no êxodo e no Sinai, na libertação e na aliança.

A morte de Jesus parecia ter colocado fim no sonho da humanidade. Porém, foi a partir da cruz que veio a luz definitiva. O medo dos discípulos trancados, leva-os agora para o espaço aberto, pelo dom do Espírito. Tornam-se a Igreja em saída, animada pelo Ressuscitado. No dia de Pentecostes desponta o terceiro sinal: todos se entendiam na linguagem do amor. Desfaz-se a confusão de Babel e a Igreja começa a anunciar a Boa-Nova na cultura de cada povo e a cada pessoa. Aqui se confirma: "Não há judeu nem grego, não há escravo nem livre, não há homem nem mulher, pois todos vós sois um só em Cristo Jesus" (Gl 3,28).

CRER NO ESPÍRITO SANTO QUE AGE EM NÓS

Em nossa vida, temos muitos tipos de experiências: satisfações e decepções, vitórias e fracassos, luzes e sombras, alegrias e tristezas. Nossa vida é alternada por todo tipo de reações, mas, com frequência, nos surpreendemos por nossos limites que não nos deixam perceber tudo o que há em nós mesmos. "O que captamos com nossa consciência é apenas uma pequena ilha no amplo e profundo mar de nossa vida. Por vezes nos escapa, inclusive, o mais essencial e decisivo" (José Pagola).

A presença viva do Espírito Santo, que age em nós, é uma experiência radicalmente diferente. Nunca cessa! Está sempre em ação dentro de nós e a nosso favor. Porém, essa experiência, em grande parte de nossa vida, acontece encoberta por muitas outras que preenchem nosso tempo e nossa atenção. O imediato ocupa nossos sentidos e a presença e a ação do Espírito Santo, muitas vezes, ficam reprimidas e ocultas sob outras impressões e preocupações que se apoderam de nosso coração.

Carregamos conosco uma tendência que não nos ajuda. Temos a impressão de que o gratuito e o que oferece grandeza devem ser algo extraordinário. Contudo, quando se trata de Deus, não é assim. Em alguns momentos mais e em outros menos, insistia-se, e ainda se insiste, que a presença viva do Espírito Santo é algo mais reservado a pessoas escolhidas e selecionadas. Pessoas privilegiadas teriam essa experiência mais viva e permanente. Isso os empobrece!

Rahner recordou-nos que o Espírito Santo de Deus está sempre vivo no coração do ser humano, pois o Espírito é a comunicação do mesmo Deus no mundo de nossa existência. Até mesmo onde aparentemente nada acontece, o Espírito de Deus se comunica. "O Espírito de Deus continua agindo silenciosamente no coração das pessoas comuns e simples, em contraste com o orgulho e as pretensões daqueles que se julgam na posse do Espírito. O Espírito de Deus pertence a todos, porque o amor imenso de Deus não pode esquecer nenhuma lágrima, nenhum lamento e nenhuma esperança que brota do coração de seus filhos e filhas" (José Pagola).

CRITÉRIOS PARA DISCERNIR A AÇÃO DO ESPÍRITO SANTO

A complexidade social e cultural facilmente cria ondas que se chocam de maneira oposta. Assim que se levanta uma onda religiosa, logo aparece uma onda secularista. Em um momento acentua-se a secularização e, em seguida, reagem os espiritualistas. O fenômeno religioso, especialmente em tempos de crise, desponta também hoje no cenário mundial. "Uma chuva de deuses cai dos céus nos ritos funerais do único Deus que sobreviveu" (Leszek Kolakowski). No mundo católico, ao lado dos movimentos pentecostais, crescem a Renovação Carismática e manifestações similares. Diante desse fenômeno religioso de hoje, para crer no Espírito Santo na veracidade da fé, necessitamos cultivar critérios de discernimento.

O evangelista João nos oferece um primeiro critério: "O Advogado, o Espírito Santo, que o Pai vai enviar em meu nome, ele ensinará a vocês todas as coisas e lembrará a vocês tudo o que lhes tenho dito" (Jo 14,26). Para conhecermos Jesus, para termos coragem de testemunhá-lo e segui-lo, o Espírito Santo nos ajudará (cf. Jo 15,26-27). Na verdade, só viveremos a sintonia com o projeto salvador de Deus por obra do Espírito Santo (cf. Jo 16,13-15).

"É o Espírito Santo que nos leva a reconhecer Jesus como Senhor, Salvador, Filho de Deus. O Espírito Santo nos conduz pela dupla via do conhecimento e do amor" (Pe. Libânio). O apóstolo Paulo nos oferece também o mesmo critério de João: "Por isso, faço-vos saber que ninguém, falando no Espírito de Deus, pode dizer: 'Maldito seja Jesus', e ninguém pode dizer 'Jesus é o Senhor', senão sob a ação do Espírito Santo" (1Cor 12,3).

O Espírito Santo nos conduz ao seguimento de Jesus de Nazaré, que se encarnou, viveu entre nós, morreu e ressuscitou. "Nisto conheceis o Espírito de Deus: todo o espírito que confessa que Jesus Cristo veio da carne é de Deus. Mas todo o espírito que não confessa Jesus, não é de Deus, mas do anticristo, de quem ouvistes falar que está para chegar e agora já se acha no mundo" (1Jo 4,2-3).

Santo Inácio de Loyola nos deixa o critério básico para discernir a ação do Espírito Santo. Ele o fez em uma oração para o início das meditações sobre a vida de Jesus: "Pedir conhecimento interno do Senhor, que por mim se fez homem, para que eu mais o ame e o siga". Podemos concluir que é o Espírito Santo aquele movimento religioso que nos leva a conhecer, amar e seguir o Jesus da história.

"O ESPÍRITO SANTO VOS ENSINARÁ TODA A VERDADE"

Como filhos amados de Deus, não estamos no mundo ao léu da sorte, nem expostos ao nada. O Espírito Santo habita em nós, está no coração da comunidade e renova a face da terra. Acenando aos discípulos a sua despedida, Jesus afirma: "Se me amais, guardai os meus mandamentos, e eu rogarei ao Pai, e ele vos dará outro defensor para que permaneça sempre convosco: o Espírito da verdade, que o mundo não é capaz de receber, porque não o vê nem o conhece" (Jo 14,15-17). "É ele que vos ensinará toda a verdade" (Jo 16,13).

No dramático momento do julgamento, Pilatos chega a perguntar a Jesus: "O que é a verdade?" (Jo 18,39). A atitude de Pilatos é sintomática! Não espera nenhuma resposta, e Jesus, certamente, nada lhe diz. Pilatos sai ao encontro dos que o condenavam e diz não encontrar nele nenhuma culpa. Acontece que a verdade está diante de Pilatos e ele não consegue reconhecê-la em Jesus, o rosto da verdade, que é o rosto de Deus.

Para reconhecer que Jesus é a Palavra da verdade, o Filho unigênito de Deus, São Paulo diz: "Ninguém pode dizer 'Jesus é o Senhor', senão sob a ação do Espírito Santo" (1Cor 12,3). Ele é o Paráclito, aquele que vem em nossa ajuda. O Papa Francisco nos ensina a rezar assim: "Espírito Santo, fazei com que meu coração permaneça aberto à Palavra de Deus, que meu coração esteja aberto ao bem, que meu coração se abra à beleza de Deus todos os dias".

CREIO NA SANTA IGREJA CATÓLICA

A expressão orante da Igreja necessita de ritos e fórmulas objetivas. Assim acontece, de maneira especial, na celebração dos sacramentos. O "Creio", como profissão de fé da Igreja, é uma fórmula consagrada há muitos séculos. São muitos artigos que o compõem. Alguns mais compreensíveis outros menos, mas todos com uma riqueza imensa de significação. Como ir além da fórmula e torná-la uma expressão viva que sustenta nossa pertença e nossa fé?

Um dos artigos do "Creio" que necessita ser assumido como expressão eclesial contagiante e orante é este que iremos agora refletir e aprofundar: "Creio na Santa Igreja Católica". Dizia-me uma pessoa de fé: "Toda a vez que chego nesta parte do 'Creio', sinto uma resistência interior muito forte na hora de proclamá-la. Sei que o problema não é da Igreja, mas é meu, pelo que me ensinaram sobre a Igreja e pela experiência errada que fiz".

O que foi dito por esse cristão é o que tanta gente diria, e até pode ser a causa de multidões que não mais acreditam e se tornaram indiferentes. Quando o lado humano pesa demais, a dimensão divina da Igreja fica na sombra e, muitas vezes, oculta. Daí a necessidade urgente de resgatarmos o lado "santo" da Igreja, para que o lado "humano" seja redimido. A partir do Concílio Vaticano II, uma nova luz veio brilhar na face da Igreja, clareando sua identidade e sua missão.

A IGREJA À LUZ DE CRISTO E DO ESPÍRITO SANTO

O Concílio Vaticano II começa sua Constituição dogmática sobre a Igreja dizendo: "Sendo Cristo a Luz dos povos, este sacrossanto Sínodo, congregado no Espírito Santo, deseja ardentemente anunciar o Evangelho a toda criatura (cf. Mc 16,15) e iluminar todos os homens com a claridade de Cristo, que resplandece na face da Igreja" (*Lumen gentium*, n. 1). Não há como entender o artigo de fé referente à Igreja sem a básica referência a Jesus Cristo, pois a Igreja não tem luz própria. Diziam os antigos Padres que a Igreja é comparável à lua, cuja luz é reflexo do sol. Também não podemos garantir a identidade e missão da Igreja sem o Espírito Santo, que a precede e lhe confere santidade. Sábia é a frase consagrada, mesmo que seja anônima: "Sem Cristo, a Igreja não seria o que é e sem o Espírito Santo a Igreja não saberia o que é".

CRER E SER IGREJA, COMO EXPERIÊNCIA DE COMUNHÃO COM DEUS

O Concílio Vaticano II abriu novos caminhos da espiritualidade eclesial, para que a fé na Igreja santa se tornasse animadora e dinâmica para os novos tempos. Muito antes de acenar para seu lado institucional e estrutural, é indispensável sentir-nos Igreja como "um povo reunido em virtude da unidade do Pai e do Filho e do Espírito Santo" (*Lumen gentium*, n. 4). Essa experiência de comunhão com Deus identifica a Igreja com:

CREIO *Da mente para o coração e do coração para as mãos*

a) *Assembleia convocada pelo Pai.* Desde a origem do mundo, prefigura-se a Igreja, pois Deus criou o mundo em vista da comunhão com sua vida divina. Esta se realiza na convocação da humanidade em Cristo. Na história, estamos todos convocados pelo Pai para voltar à sua intenção original. Assim, crer e ser Igreja convocada pelo Pai é ter a consciência do compromisso pastoral e missionário universal. A universalidade é também fraternização no mesmo dinamismo salvífico inaugurado por Cristo no mundo. Quem vive a comunhão com Deus, revelado como Pai, não pode detê-la apenas para si, mas torná-la viva solidariedade na caminhada histórica com os irmãos.

b) *Comunidade de discípulos missionários de Cristo.* Em Cristo, o Pai realiza a sua vontade salvadora. Por esse motivo, a Igreja corpo de Cristo, que dele vive historicamente, é chamada, na fé, a estar no mundo como comunidade de discípulos missionários. Mesmo com seus defeitos, mesmo sendo pequeno rebanho, a Igreja continua a missão de Cristo na história e no mundo.

A Igreja, comunidade visível, que segue as pegadas de Cristo, que nele se fundamenta e dele vive, é chamada a atualizar a salvação a todos. Não é sem cruz que isso acontece. A Igreja está dentro das contradições humanas. Porém, a partir de Cristo não pode faltar o otimismo e a esperança pascal que nos permitem perceber as mais nobres aspirações humanas no coração do mundo.

No coração de todas as realidades humanas e terrestres está, para o futuro Jesus Ressuscitado, novo começo, novo nascimento, nova criação para a eternidade. A Igreja, como comunidade de discípulos missionários de Cristo, não anda na incerteza, nem envolta no medo. Na comunhão com o Crucificado Ressuscitado, encontra a razão da sua fé, o fundamento de sua esperança e a coragem em sua ação.

c) *Experiência do Espírito Santo*. O Espírito enviado no dia de Pentecostes, que abriu a mente, aqueceu o coração e levou os apóstolos a agir sem medo, inaugura a Igreja a partir da presença do Ressuscitado, de seu Evangelho e de sua prática. Na linguagem do amor, a Igreja se identifica e age no mundo. "Todos comungamos do mesmo Espírito, no mesmo corpo de Cristo ressuscitado" (*Lumen gentium*, n. 4).

Crer e viver o Espírito da Igreja e na Igreja significa superar o temor do deus da religião opressiva e da lei inexorável, pela alegria da confiança e da misericórdia; significa também reconhecer a liberdade e dignidade dos filhos e filhas de Deus. Viver a comunhão com Deus, no Espírito Santo, é superar a opacidade e a inércia e dedicar atenção aos sinais dos tempos, renovando e atualizando os serviços necessários para que a Boa-Nova prevaleça e uma nova sociedade aconteça. São João XXIII bem dizia, na abertura do Concílio Vaticano II, que esse acontecimento deveria ser um novo Pentecostes para a Igreja no mundo atual.

Viver a comunhão com Deus, no Espírito Santo, não significa apenas crer na santidade originária e inquestionável da Igreja, apesar dos pecados, mas significa também receber dela a nossa santidade, mantendo suas portas abertas "para que todos tenham vida, e vida em abundância" (Jo 10,10).

CRER E SER IGREJA, COMUNIDADE DE AMOR

"Foi vontade de Deus santificar e salvar os homens, não isoladamente, sem nenhuma conexão uns com os outros, mas constituindo um povo que o confessasse na verdade e o servisse santamente" (*Lumen gentium*, n. 9). Em sua oração sacerdotal, Jesus presta contas ao Pai a respeito de sua missão realizada. Ali deixa claro que ele formou um grupo para testemunhar a verdade do amor no meio de uma sociedade marcada por mentira, violência e morte. "Eu não te peço apenas em favor deles, mas em favor também daqueles que vão acreditar em mim por meio da palavra deles, para que todos sejam um, como tu, Pai, estás em mim e eu em ti; para que também eles estejam em nós, a fim de que o mundo creia que tu me enviaste" (Jo 17,20-21). A palavra mais autorizada, que motiva o despertar e o crescimento da fé e a vitalidade da Igreja, é o amor-caridade dos cristãos.

Quando os Atos dos Apóstolos descrevem a comunidade ideal dos primeiros cristãos, destacam: a perseverança em ouvir o ensinamento dos apóstolos, a partilha do pão e dos bens, oração diária no Templo, o louvor a Deus e a união a ponto de ter tudo em comum... "Eram estimados por todo o povo e a cada dia o Senhor acrescentava à comunidade aqueles que eram salvos" (cf. At 2,42-47). Tanto o Papa Bento XVI como o Papa Francisco, em suas homilias e documentos, insistem em afirmar que a Igreja cresce não por proselitismo, mas "por atração: como Cristo atrai tudo para si com a força do seu amor", a Igreja atrai quando vive em comunhão, pois os discípulos de Jesus serão reconhecidos se se amarem uns aos outros como ele nos amou (cf. Rm 12,4-13; Jo 13,34).

IGREJA, FAMÍLIA DE DEUS

Ao descrever uma experiência pastoral de muitos anos, acredito que essa possa contribuir para a veracidade deste enunciado de nossa reflexão. No final das celebrações do Batismo na Paróquia Santo Antônio do Partenon, em Porto Alegre, procuro motivar a oração do Pai-Nosso dizendo que essa é a oração da Igreja, a família de Deus, que foi ensinada por Jesus. Depois pergunto aos pais e padrinhos como eles imaginam a família de Deus, na qual seus filhos e afilhados começam a fazer parte. Dentre as tantas respostas, destacam-se: a família de Deus é o ambiente da paz e do respeito, da solidariedade e da oração, do bem e do amor, do cuidado e da justiça, da verdade e da vida etc. Nota-se claramente que o povo, mesmo que não tenha estudos teológicos e com pouca participação, possui informações, experiências ou intuições do que significa ser Igreja.

IGREJA-FAMÍLIA, O SONHO DE DEUS

O grande sonho de Deus é fazer de todos uma só família, onde cada pessoa se sinta próxima e amada por ele. Essa é a raiz que lhe confere identidade e justifica sua missão, antes mesmo de ser uma organização. Deus nos convoca e nos envia para superarmos e

CREIO *Da mente para o coração e do coração para as mãos*

sairmos do individualismo e isolamento e participar de sua família. Toda história é uma história de Deus que se põe em busca do ser humano para oferecer-lhe o seu amor e a sua acolhida. "Quando chegou a plenitude dos tempos, Deus enviou seu Filho, nascido de uma mulher, nascido segundo a lei a fim de resgatar os que estavam debaixo da lei, de modo que recebêssemos a adoção de filhos" (Gl 4,4). Jesus veio para reunir os Filhos de Deus dispersos na grande família universal.

Mas para isso, ao lermos os Evangelhos, comprovamos como Jesus começa reunindo, junto a si, uma pequena comunidade, anuncia-lhe sua palavra e mostra-lhe sua prática e missão. Com essa pequena comunidade, prepara e edifica a Igreja, nascida na cruz, do seu lado aberto. Essa Igreja, família de Deus, manifesta-se ao mundo no dia de Pentecostes, quando todos se entendem na linguagem do amor. "O Espírito Santo enche o coração dos apóstolos, impelindo-os a sair e a começar a percorrer o caminho para anunciar o Evangelho, para difundir o amor de Deus" (Papa Francisco, Audiência, 29/05/2013).

A CATOLICIDADE DA IGREJA

No imaginário de muitos, sedimentaram-se resistências e até negações em relação à Igreja chamada católica, imaginando a catolicidade uma marca excludente. Assim sendo, neste momento histórico em que o ecumenismo, o diálogo religioso e o respeito por tantas formas e denominações religiosas estão sendo tão valorizados, falar de Igreja Católica pode parecer contrário ao que na realidade é a catolicidade da Igreja. Por esse motivo, é importante lembrar em três pontos o seu significado:

a) *A Igreja é a casa de todos.* A salvação é oferecida a todos. "Eu vim para que todos tenham vida" (Jo 10,10). A catolicidade confirma a Igreja aberta para todos os povos, línguas, raças e nações. A Igreja, casa de todos, tem o sagrado dever: de oportunizar a escuta da Palavra de Deus com segurança de ser a mensagem que o Senhor deixou; de garantir o encontro com o Senhor nos sacramentos, que são a janela aberta pelas quais nos é dada a vida e a luz de Deus; e de ensinar a viver em comunhão o amor a Deus e ao próximo.

b) *A Igreja não tem trancas.* A Igreja não é um grupo de elite. A universalidade é o espaço de sua catolicidade. Mesmo nas menores partes da Igreja está toda a Igreja, porque Cristo está vivo, presente e atuante em todos os lugares. Cada parte é também universal. O grande motivo é que o Evangelho a ser anunciado é para todos: a boa-nova da dignidade humana, a boa-nova da vida, a boa-nova da família, a boa-nova da atividade humana, a boa-nova do destino universal dos bens e da ecologia (cf. *Documento de Aparecida*, n. 101-126).

c) *A Igreja é a "Casa da harmonia" (Papa Francisco).* A unidade na diversidade se integra para ser uma riqueza oferecida a todos. O capítulo 12 da Primeira Carta de Paulo aos Coríntios deixa claro que os diversos carismas não têm sentido senão pelo Espírito Santo, que tudo unifica, e pelo serviço oferecido a todos. A comparação do corpo humano como imagem do corpo social da Igreja confirma que a unidade na diversidade pode ser o grande desafio da catolicidade da Igreja, mas é daí que resulta sua grandeza e dignidade querida por Jesus, como "Casa da harmonia".

CREIO NA COMUNHÃO DOS SANTOS

Na realidade da vida comprovamos que estamos inclinados a nos fechar no tempo e no espaço, imaginando que pouco ou nada há além do que os nossos sentidos alcançam. Ao iniciar este capítulo do nosso "Creio", lembramos o que Paulo disse aos hebreus: "A fé é a firme garantia do que se espera, a prova do que não se vê" (Hb 11,1). Faz algum tempo que me foi solicitada uma composição musical que convidasse as pessoas a superar o imediatismo e a exercitar a sintonia com o mistério. Foi então que apresentei este refrão: "Vemos tão pouco com nossos olhos, ouvimos tão pouco com nossos ouvidos. É limitado o alcance dos sentidos, só vemos bem com o coração, ouvimos bem com o coração!".

Para proclamarmos a fé na comunhão dos santos, necessitamos fazer uma ginástica interior muito viva e nos deixar provocar por essa realidade tão rica, mas nem sempre tão simples. Na verdade, a santidade não é uma elaboração humana, muito menos uma invenção, fruto da imaginação religiosa. Na Escritura, a santidade aparece como atributo essencialmente divino. Porque nos é tão fácil vulgarizar, a santidade nos parece tão distante e até ausente de nossa experiência cotidiana.

DEUS SANTO E FONTE DE
TODA A SANTIDADE

A santidade de Deus proclama sua incomparável dignidade; por isso, só a Deus adoramos. A santidade das criaturas acontece na medida em que Deus lhes comunica a sua santidade. Santidade é dom, é oferta gratuita de amor, é convite à comunhão: "Agora, pois, se ouvirdes a minha voz e guardardes a minha aliança, sereis minha parte pessoal entre todos os povos, pois a terra inteira me pertence. Vós sereis para mim um reino de sacerdotes e uma nação santa" (Ex 19,5-6). Jesus Cristo, Filho de Deus, ungido de Deus, tornou-se o Santo por excelência: *ele é a imagem do Deus invisível* que reflete o Pai em seu ser, em seu agir e em sua palavra. Ele é a medida da santidade e da santificação por meio do Espírito Santo.

O hino de Paulo na Carta aos Efésios exalta o ideal do Reino para o qual tende a vida cristã, como um projeto de santidade oferecido a todos. O hino começa com um "bendito" ao Pai, por ele ter chamado os cristãos a participarem de sua santidade. Em seguida, expressa o louvor pela redenção em Cristo e mais um louvor ao Pai pelos dons do Espírito Santo (cf. Ef 1,3-14). Este é um hino de rara beleza e profundidade, como é bela e profunda a santidade.

TUDO A PARTIR DE CRISTO

O apóstolo Paulo nos ajuda a entender que a doutrina da Comunhão dos Santos tem seu fundamento em Cristo. Todos os cristãos estão em comunhão com Cristo e são beneficiados de todos os seus dons. "Se Deus é por nós, quem será contra nós? Ele que não

CREIO *Da mente para o coração e do coração para as mãos*

poupou seu próprio Filho, mas o entregou por todos nós, como não nos haverá de agraciar em tudo junto com ele. Quem nos separará do amor de Cristo?" (Rm 8,31b-35).

Na verdade, a Igreja se identifica e se reúne com Cristo, o Crucificado Ressuscitado. Ele é o Santo de Deus em quem o Espírito santifica os cristãos, fazendo com que a aliança de Deus com seu povo, no Antigo Testamento, se tornasse definitiva em uma nova aliança em Cristo. O mesmo texto de Êxodo 19 se faz presente em um contexto mais amplo no Novo Testamento: "Vós, pois, sois a raça eleita, a nação santa, o povo que conquistou para si, para proclamar as maravilhas daquele que das trevas vos chamou para sua luz maravilhosa" (1Pd 2,9). Assim, em Cristo a comunhão dos santos tem dois significados:

a) *A comunhão dos bens espirituais.* A vivência da comunidade primitiva de Jerusalém torna-se inspiradora e modelo a contagiar e a atrair novos participantes. A melhor maneira de evangelizar é viver a comunhão dos bens espirituais, como: a comunhão na fé da Igreja, a comunhão nos sacramentos, acentuando a Eucaristia, a comunhão dos carismas, a comunhão dos bens e a comunhão da caridade.

b) *A comunhão entre a Igreja do céu e a da terra.* Cada ser humano tem a marca inconfundível e primordial da santidade, por ser "imagem e semelhança de Deus" (cf. Gn 1,26). Se toda a criação participa da santidade de Deus, quanto mais a pessoa. Pelo Batismo, pela presença e ação do Espírito Santo, cada ser humano se torna verdadeiro Filho de Deus e participante da natureza divina. Por esse motivo, é santo (cf. *Lumen gentium*, n. 40).

A comunhão dos santos faz ultrapassar a existência terrena e se projeta para a eternidade. "Todos os que são de Cristo, tendo o seu Espírito, congregam-se em uma só Igreja e nele estão unidos entre si (cf. Ef 4,14). Em vista disso, a união dos que estão na terra com os irmãos que descansam na paz de Cristo de maneira nenhuma se interrompe; ao contrário, conforme a fé perene da Igreja, vê-se fortalecida pela comunicação dos bens espirituais" (*Lumen gentium*, n. 49).

A partir de Cristo, tanto os cristãos que peregrinam nesta terra, os que partiram e ainda padecem para alcançar a plenitude da vida, como os que habitam o céu na definitiva santidade, todos podem se ajudar mutuamente no dinamismo da comunhão afetiva e efetiva com Deus, em Cristo, no Espírito Santo. "Nós cremos na comunhão de todos os cristãos: dos que peregrinam na terra, dos defuntos que estão levando a termo a sua purificação e dos bem-aventurados do céu. Todos formam uma só Igreja. Cremos que, nessa comunhão, o amor misericordioso de Deus e dos santos está sempre atento às nossas orações" (São Paulo VI).

SOLIDÁRIOS EM CRISTO

Quanto mais o Cristão se une a Cristo, mais se faz irmão dos demais. "O amor de Cristo nos impulsiona, quando consideramos que um só morreu por todos, e assim todos morreram. Ele morreu por todos para que, aqueles que vivem, não vivam mais para si mesmos, mas para aquele que por eles morreu e ressuscitou" (2Cor 5,14-15). A comunhão dos santos não é uma teoria, nem um

CREIO *Da mente para o coração e do coração para as mãos*

enunciado da tradição, mas é uma verdade a ser vivida no compromisso com a edificação do Reino da fraternidade universal. Essa é a utopia da qual a Igreja é sacramento (cf. *Lumen gentium*, n. 1), comunhão entre todos os seres humanos no amor, na paz, na liberdade e na solidariedade.

CREIO NA REMISSÃO DOS PECADOS

Para rezarmos e vivermos de modo mais consciente este artigo do Credo apostólico, é importante aprofundar o significado das principais realidades que o compóem. É assim que buscamos novas luzes que nos ajudam.

REPENSANDO A QUESTÃO DO PECADO

Houve épocas na história da Igreja em que se via pecado por todo lado, gerando uma casuística exagerada, mais propensa a gerar medos do que a despertar amor e vida, e a animar as pessoas a se aproximarem de Cristo e da Igreja. Hoje, a tendência é contrária. Publica-se abertamente que o pecado não existe, nem em nível pessoal nem social. É célebre a frase do Papa Pio XII: "O pecado do século é a perda do sentido do pecado! Quando se perde o sentido do pecado, emerge uma visão antropológica superpoderosa que proclama: 'Eu posso tudo!'".

Porém, no meio de exageros e extremismos, percebem-se deslocamentos que podem provocar algumas sínteses que ajudem ao discernimento da consciência. Dionisio Borobio, em seu livro *Celebrar para viver*, afirma: "Enquanto, em outros tempos, o pecado era, sobretudo, sexual, hoje é social; se antes o acento era posto no culto, hoje é posto na justiça; se era mais valorizado o individual, hoje se valoriza mais o coletivo, o solidário [...] junto a essa mudança de sensibilidade, houve também uma mudança nos critérios de valorização: antes se olhavam mais os atos, hoje se olham mais as atitudes; antes se considerava mais a matéria ou o objeto, hoje se olham mais a liberdade e a capacidade humana; antes se contemplava mais a gravidade das obras feitas, hoje se dá mais atenção à orientação total da vida".

Na verdade, mesmo mudando ideias, descolando-se atenções ou publicando negações, o pecado, nos humanos de ontem, continua nos humanos de hoje clamando por remissão, pois nenhuma pessoa é feliz no pecado. Por isso, seja como for: nós cremos na remissão dos pecados, lembrando suas três dimensões em nossas vidas, como:

- recusa a Deus, que clama remissão na dimensão religiosa;
- recusa aos outros, que clama remissão na dimensão social-eclesial;
- recusa ou negação de si mesmo, que clama remissão na dimensão pessoal.

REMISSÃO: INICIATIVA DE DEUS E RESPOSTA HUMANA

- *Antigo Testamento:* Deus não quer a morte do pecador. Ele sabe de que barro somos feitos. A remissão dos pecados, já no Antigo Testamento, é considerada pelos israelitas como obra da misericórdia divina. O povo invoca Javé como seu Pai e seu Pastor e recorda a fidelidade em suas promessas. A remissão dos pecados ocupa lugar central na pregação dos

CREIO *Da mente para o coração e do coração para as mãos*

profetas. Deus não fica lembrando a toda hora as faltas cometidas. Joga-as para trás, projetando o futuro em direção à nova criação. Essa postura divina totalmente gratuita deriva de sua transcendente misericórdia.

"Abandone o ímpio o seu caminho, e o homem mau os seus pensamentos e volte para Javé, pois terá compaixão dele. Que volte para o nosso Deus, pois ele é rico em misericórdia. Meu pensamento não é o pensamento de vocês, e os caminhos de vocês não são os meus caminhos" (Is 55,7).

A remissão dos pecados é iniciativa de Deus em relação ao pecador. Deus quer restabelecer a comunhão de vida com ele. Essa, porém, supõe que a pessoa também reaja, por sua vez, de modo pessoal em relação à ação de Deus. Daí a expressão bíblica referente a essa resposta do pecador: "espírito humilhado", "coração contrito" (Sl 34,19; 51,19; Is 57,15).

- *Novo Testamento:* o apóstolo Pedro, em meio à perseguição, proclama: "O Deus de nossos pais ressuscitou Jesus, que vocês mataram, suspendendo-o em um madeiro. Mas Deus, com sua direita, o exaltou, fazendo-o Chefe e Salvador, para conceder a Israel o arrependimento e o perdão dos pecados" (At 5,30-31). Assim, a redenção dos pecados aparece no *Kerigma* como uma característica da atividade do Messias Ressuscitado.

São Paulo acentua que a iniciativa do perdão vem de Deus, como um gesto divino de misericórdia, concedido em Cristo (Gl 1,4; 2Cor 5,19; Rm 3,23-26; 4,7s; 11,27; Cl 3,13). A remissão é fruto da morte na cruz, que vem substituir os sacrifícios do Antigo Testamento. Paulo confirma que, se o cristão foi libertado do pecado, nem por isso está livre da possibilidade de pecar. A carne, o mundo e o demônio são ameaças permanentes. Daí a necessidade de permanente conversão (Rm 12,2; 13,11-14; 2Cor 7,1; Cl 3,9).

Nos Evangelhos sinóticos, o tema da remissão ocupa lugar central na pregação de João Batista (cf. Mc 1,4), mas não igual na pregação de Jesus, mesmo que apareça como a finalidade própria da sua missão (cf. Lc 4,18s). Pela primeira vez na história aparece alguém que, igual a Deus, tem poder de perdoar pecados (cf. Mc 2,5.7.10). O que Jesus prega em relação à redenção e à remissão dos pecados o faz com autoridade soberana, mas, ao mesmo tempo, submetido à autoridade divina. Isso lhe custará o sacrifício da própria vida. Esse mesmo poder de perdoar, Jesus também o comunica aos apóstolos.

São João não utiliza muito o vocabulário habitual "remissão dos pecados". Por esse motivo, nele não aparece a noção de conversão. João afirma que o discípulo que voluntariamente se separa de Cristo e persiste em sua malícia não poderá reviver (cf. 1Jo 5,16). Para os cristãos que recaem no pecado, João indica os meios para conseguir o perdão:

- a confiança em Deus, que é maior que o nosso coração (cf. 1Jo 3,20);
- a confiança em Jesus, que é o nosso intercessor permanente junto ao Pai (cf. 1Jo 2,1-2);
- a oração intercessora de nossos irmãos na fé (cf. 1Jo 5,16ss);
- a humilde confissão dos pecados (cf. 1Jo 1,9).

Finalmente, João recorda que Cristo deu a seus apóstolos o poder de perdoar pecados e atualizar a remissão a todos.

CRER E ACOLHER A REMISSÃO DOS PECADOS

A remissão dos pecados não se reduz a um passado inerte, apenas digno de lembrança. Assim como Cristo é ontem, hoje e sempre vivo, presente e atuante, a remissão dos pecados nele e para todos continua eficaz na missão da Igreja de todos os tempos. O *Catecismo da Igreja Católica* (n. 977) assim se expressa: "Nosso Senhor ligou o perdão dos pecados à fé e ao Batismo. 'Ide por todo o mundo e proclamai o Evangelho a toda criatura. Aquele que crer e for batizado será salvo' (Mc 16,15-16). O Batismo é o primeiro e principal sacramento do perdão dos pecados, porque nos une a Cristo morto pelos nossos pecados, ressuscitado para a nossa justificação, para que 'nós também vivamos vida nova'" (Rm 6,4).

O BATISMO E A REMISSÃO DOS PECADOS

O Credo niceno-constantinopolitano proclama a única referência explícita a um sacramento na profissão da fé: "Professo um só Batismo para a remissão dos pecados". Ao evocar o Batismo, afirmamos nossa verdadeira identidade de filhos de Deus. Diz o Papa Francisco: "Em um certo sentido, o Batismo é o bilhete de identidade do cristão, a sua certidão de nascimento e o ato de nascimento na Igreja [...]. O dia de nosso Batismo é o ponto de partida de um caminho extremamente bonito, um caminho rumo a Deus que dura a vida inteira, um caminho de conversão" (Audiência geral, 13/12/2013).

O Batismo é para a vida toda, a marca da melhor e mais plena qualidade de vida. No entanto, não podemos desconhecer que a pessoa batizada continua humana, sempre exposta ao pecado. É por esse motivo que a remissão dos pecados está sempre a dispor, pela medicina da misericórdia, para a cura do ser humano e sua configuração em Cristo.

O *Catecismo da Igreja Católica* (n. 978) nos diz que "a graça do Batismo não livra ninguém de todas as fraquezas da natureza". A intervenção salvífica do Batismo não tira a debilidade de nossa natureza humana. Somos frágeis. Todos somos pecadores. Porém, essa realidade inerente à nossa condição não nos dispensa da responsabilidade de pedir perdão, cada vez que erramos, e de continuar no caminho da fé, "até que Cristo se forme em nós" (Gl 4,19).

"QUEM CRER E FOR BATIZADO SERÁ SALVO" (MC 16,16)

Se a remissão dos pecados é iniciativa misericordiosa de Deus, o Batismo é a primeira e mais importante resposta humana na acolhida dessa iniciativa divina. Por isso, o Batismo é incompatível com o pecado. A purificação e o perdão dos pecados são um aspecto essencial do Batismo, assim como o Batismo é o gesto concreto da aceitação da Boa-Nova. Ao ouvir o anúncio da vida nova, a "casa de Israel" perguntou a Pedro e aos outros discípulos: "Irmãos, o que devemos fazer?". Pedro respondeu: "Arrependam-se! E cada um de vocês seja batizado em nome de Jesus Cristo, para a remissão dos seus próprios pecados" (At 2,37-38).

CREIO *Da mente para o coração e do coração para as mãos*

"A existência cristã implica em novo nascimento, sempre possível e necessário na caminhada histórica do ser humano. Ser cristão é sempre o resultado de uma virada da existência humana que se afasta da autossatisfação da vida indiferente e desatenta para converter-se. Nesse sentido, o Batismo continua sendo o início de uma conversão que se estende pela vida afora, sendo o sinal básico da existência cristã, lembrado pela expressão *remissão dos pecados*" (Bento XVI).

Ser um membro da Igreja pelo Batismo não é apenas a satisfação de um desejo de agrupar-se em torno de Cristo e de sua mensagem, ou pertencer a uma sociedade especial. A Igreja nasce da graça de Deus. Quando se torna viva na vida dos humanos, deve provocar transformação para integrá-los em uma comunidade, em um caminho de conversão e remissão dos pecados. Na audiência de 13/11/2013, o Papa Francisco disse: "No sacramento do Batismo são perdoados os pecados, o pecado original e todos os nossos pecados pessoais, assim como todas as penas do pecado. Mediante o Batismo abre-se a porta a uma novidade de vida concreta, que não é oprimida pelo peso de um passado negativo, mas já pressente a beleza e a bondade do Reino dos céus".

SACRAMENTO DA PENITÊNCIA E A REMISSÃO DOS PECADOS

O sacramento da Penitência é um encontro alegre de reconciliação. Se a alegria de um doente é encontrar o remédio, a alegria do pecador é contar com a misericórdia de Deus. Nenhum pecado é capaz de fazer Deus desistir do ser humano. Quando o povo exclama: "Javé me abandonou, o Senhor se esqueceu de mim! Por acaso uma mulher se esquecerá da sua criancinha de peito?" (Is 49,14-15).

Sabe-se que o Batismo se destaca como o grande sacramento da vida cristã, por realizar na pessoa o mistério pascal. Porém, a graça do Batismo não livra ninguém das fraquezas humanas. Por isso, o sacramento da Penitência nos é oferecido sempre como um novo Batismo no caminho de nossa existência frágil e pecadora. Deus nunca deixa de amar o ser humano, porque ele é amor, paciência e perdão. Sua onipotência se manifesta no amor e na misericórdia. Apesar do seu pecado, o ser humano se encontra sempre chamado por Deus para se converter e encontrar a vida (cf. Jr 31,31-34; Ez 36,24-28). Mesmo que a conversão seja resultado da graça divina, sempre envolve o esforço humano.

A IGREJA COMPROMETIDA NA REMISSÃO DOS PECADOS

O protagonista do perdão dos pecados é o Espírito Santo. Como ressuscitado, em sua primeira aparição aos apóstolos, Jesus soprou sobre eles e disse: "Recebei o Espírito Santo. Àqueles a quem perdoardes os pecados, ser-lhes-ão perdoados; àqueles a quem os retiverdes, ser-lhes-ão retidos" (Jo 20,22-23). Ressuscitado, Jesus, como o homem novo, oferece à humanidade os dons pascais: a paz, a alegria, o perdão dos pecados e a missão. Por Cristo Ressuscitado, o Espírito Santo nos concede o perdão de Deus. Nessa hora, Jesus concede aos apóstolos o dom de perdoar pecados.

Conforme a expressão consagrada "a Igreja é depositária do poder das chaves", Deus perdoa cada ser humano, mas ele sempre quis que todos pertencessem a Cristo e à Igreja e recebessem o perdão mediante os ministros da comunidade. Crer na remissão dos pecados é saber-se comprometido em ser parte saudável do Corpo de Cristo, que é a Igreja.

CREIO NA RESSURREIÇÃO DA CARNE

Se para o cristão de hoje há um artigo do "Creio" que se apresenta em sua complexidade, é exatamente o "creio na ressurreição da carne". Muitos preferem dizê-lo sem pensar. Outros acham melhor não entrar em discussão. E muitos cristãos o ignoram e preferem acreditar na reencarnação, sem se dar conta de que esta assinala uma ideologia dualista de alto risco para o digno conceito da vida da pessoa que é única, insubstituível e intransferível.

É importante começar a reflexão sabendo que a fé na ressurreição da carne é o coração da fé cristã, por ser ligada indissoluvelmente à ressurreição de Jesus Cristo. Para os cristãos de origem grega, Paulo apóstolo afirmava: "[...] Se os mortos não ressuscitam, Cristo também não ressuscitou. E se Cristo não ressuscitou, a fé que vocês têm não tem fundamento [...]. E também os que adormeceram em Cristo estão perdidos. Se a nossa esperança em Cristo é somente para esta vida, somos os mais miseráveis de todos os homens" (1Cor 15,16-17.19).

COMO A CARNE RESSUSCITA?

Essa questão de fé encontra uma luz no apóstolo Paulo, em sua Carta aos Coríntios: "Mas alguém dirá: 'De que maneira os mortos ressuscitam? Com que corpo voltarão?' [...] Aquilo que você semeia não volta a viver, se antes não morrer [...]. Assim também é a ressurreição dos mortos. O corpo é semeado na corrupção, e ressuscita incorruptível; é semeado desprezível e ressuscita glorioso; é semeado na fraqueza e ressuscita cheio de força; semeia-se um corpo só com vida natural, ressuscita um corpo espiritual" (1Cor 15,35.42-44). "Se o Espírito daquele que ressuscitou Jesus dentre os mortos habita em vós, aquele que ressuscitou Cristo Jesus dentre os mortos dará vida também aos vossos corpos mortais, mediante o seu Espírito que habita em vós" (Rm 8,11).

Na linguagem bíblica, a palavra "carne" lembra a vitalidade humana, em oposição à matéria morta de uma pedra. É o corpo inteiro da pessoa. Também lembra a condição humana em sua fragilidade, debilidade e caducidade. Carne acena para o "eu" humano: "Meu coração e minha carne exultam pelo Deus vivo" (Sl 84,3). Paulo, porém, vê um contraste entre a carne e o espírito. A conduta segundo a carne é oposta à conduta segundo o espírito. Em síntese, na linguagem bíblica, carne diz respeito à humanidade. "Toda a carne verá a salvação de Deus" (Lc 3,6).

A RESSURREIÇÃO DOS MORTOS NOS EVANGELHOS

Os Evangelhos sinóticos referem-se às diversas controvérsias de Jesus com os representantes do mundo judaico, provocadas pela questão da ressurreição dos mortos (cf. Mt 22,23-33; Mc 12,18-27; Lc 20,27-40). Os interlocutores são os saduceus. Eles negam que haja ressurreição (cf. Lc 20,27). Tentam ridicularizar Jesus contando a história da mulher que teve sete maridos. Conforme os

CREIO *Da mente para o coração e do coração para as mãos*

Evangelhos sinóticos, Jesus corrige a mentalidade farisaica afirmando decididamente o fato da ressurreição dos mortos pelo poder incontido de Deus, o Vivente. Jesus evoca o texto do Êxodo 3,6: "Eu sou o Deus de seu Pai, o Deus de Abraão, o Deus de Isaac, Deus de Jacó".

O Evangelista Lucas evoca expressamente o destino individual, descrito no caso do bom ladrão arrependido, ao lado do Crucificado; acena também para o justo, ou aquele que é salvo imediatamente após a morte (cf. Lc 23,43; 14,14; 16,22). Essa condição de salvação do justo não exclui a salvação escatológica ou final. A nova motivação dos Evangelhos é o anúncio do Reino de Deus, ligado ao destino pessoal de Jesus, que inaugura o novo tempo definitivo e que se torna a segura garantia da vitória sobre a morte.

A RESSURREIÇÃO DE JESUS E A NOSSA RESSURREIÇÃO

Mais que uma notícia, permanentemente, a comunidade dos cristãos celebra e proclama ao mundo que Jesus de Nazaré, o Crucificado, ressuscitou. Esse único acontecimento da história é registrado como a maior notícia nos quatro Evangelhos do Novo Testamento (cf. Mt 28,5-7; Mc 16,5-7; Lc 24,4-7; Jo 20,12-13). Na sua vitória, antecipa-se a vitória daqueles que morreram, como diz o apóstolo Paulo: "Mas a verdade é que Cristo ressuscitou dos mortos, como primeiro fruto dos que adormeceram" (1Cor 15,20). "Se Cristo não tivesse ressuscitado, vã seria a nossa pregação e também a vossa fé" (1Cor 15,14).

As primeiras comunidades cristãs contagiavam-se de ânimo e alegria, na certeza de que aquele que foi morto não permaneceu na morte, mas vive. Todos os que a ele aderem com fé e confiança também viverão. Jesus é em pessoa "a ressurreição e a vida; quem acreditar nele, mesmo que venha a morrer, viverá" (Jo 11,25). Nisso se funda a suprema e inconfundível esperança de nossa vida: "Deus, que ressuscitou o Senhor, também nos ressuscitará por seu poder" (1Cor 6,14). Esse é o motivo pelo qual o cristão crê apaixonadamente na vitória da vida.

A imortalidade é uma necessidade. Somente ela garante um sentido à vida humana e permite o desabrochamento total, no eterno, do esforço de ascensão que o ser humano investe na vida terrena.

O CORPO DO RESSUSCITADO

Aquele que veio a nós como o "Verbo que se fez carne", em seu corpo visível revelou o Deus invisível; passou pelo mundo fazendo o bem; foi crucificado, morto e sepultado. Esse Jesus, depois de ressuscitado, comeu com os seus discípulos (cf. Lc 24,42), mandou Tomé colocar os dedos em suas chagas (cf. Jo 20,27) e, finalmente, disse: "Vede minhas mãos e meus pés: sou eu mesmo! Tocai em mim e vede. Um espírito não tem carne, nem ossos, como estais vendo que eu tenho" (Lc 24,39). É por isso que temos todos os motivos para rezar: creio na ressurreição dos mortos, ou na ressurreição da carne.

Há um clamor decorrente da *Laudato Si'* do Papa Francisco: "Por favor, não jogue fora o seu corpo. Cuide dele com carinho e amor. Ele servirá para a ressurreição". Mesmo que você tenha dificuldade de entender intelectualmente, continue rezando: "Creio na ressurreição da carne". Façamos nosso o desejo de Jó: "Esta minha carne verá o Salvador" (Jó 19,26-27).

CREIO NA VIDA ETERNA

O *Catecismo da Igreja Católica* (n. 1020) começa o comentário deste artigo do "Creio" dizendo: "O cristão que une a sua própria morte à de Jesus, vê a morte como um caminhar ao seu encontro e uma entrada na vida eterna". O dia a dia da vida carrega consigo o incontido desejo de viver. No entanto, a morte é parte constituinte de nossa condição humana. Estamos sempre diante do horizonte da morte, que dá a nossas ações um caráter de transcendência e irrepetibilidade. Estamos sempre dentro de um espaço de tempo limitado, mas sempre portadores do eterno que se manifesta nos infinitos desejos que carregamos em nossos corações.

A ETERNIDADE E O ANTIGO TESTAMENTO

Os israelitas não tinham uma crença precisa e clara do além-morte. Porém, a inquietação sobre o além contribuiu para uma valorização positiva e comprometida com a vida. O Livro da Sabedoria diz: "Os justos viverão eternamente. Sua recompensa está no Senhor, e o Altíssimo cuidará deles" (Sb 5,12). "Se aos olhos dos homens [os justos] suportaram o sofrimento, a esperança deles era portadora de imortalidade. E por terem sofrido um pouco, receberão grandes bens. Porque Deus que os provou, achou-os dignos de si [...]. E o Senhor reinará sobre eles eternamente" (Sb 3,4-8).

O profeta Isaías fala sobre a eterna união com Deus: "O sol já não será a tua luz de cada dia, nem o clarão da tua lua te iluminará. Mas o Senhor será para ti luz perene, e o teu Deus será o teu esplendor. O teu sol não conhecerá mais o ocaso e a tua lua não mais migrará, porque o Senhor servirá de luz perpétua" (Is 60,19-20). O profeta Daniel disse: "Muitos dos que dormem debaixo da terra despertarão, uns para a vida eterna, outros para a ignomínia, a infâmia eterna. Os que tiverem sido sábios brilharão como brilha o firmamento, e os que ensinam a muitos a justiça brilharão para sempre como estrelas, com um esplendor eterno" (Dn 12,2-3).

JESUS GARANTE A VIDA ETERNA

Impossível acenar para o Novo Testamento sem colocar Jesus Cristo como sua referência. Ele é o Mestre da vida presente e eterna. Ele é o agente do Reino em seu já e ainda não. Destacamos algumas palavras que confirmam a veracidade da vida eterna:

- "Eu sou o pão vivo que desceu do céu. Quem comer deste pão viverá eternamente" (Jo 6,5).
- "Quem come a minha carne e bebe o meu sangue tem a vida eterna, e eu o ressuscitarei no último dia" (Jo 6,54).
- "Minhas ovelhas ouvem a minha voz, eu as conheço e elas me seguem. Eu dou vida eterna para elas, e elas nunca morrerão" (Jo 10,27).
- "Glorifica o teu Filho, para que o teu Filho te glorifique, pois lhe deste poder sobre todo ser humano, para que ele dê a vida eterna a todos aqueles que lhe deste" (Jo 17,2).

- Lembramos aqui a parábola do rico avarento e do pobre Lázaro (cf. Lc 16,20-31).

- Sobre o destino eterno, tanto para a salvação como para a condenação está a descrição do julgamento das nações, em Mt 25,31-46.

CRER NA VITÓRIA DA VIDA

Só a partir de Cristo, o Filho de Deus, crucificado e ressuscitado, é possível crer na definitiva vitória da vida. Se Adão inaugurou a morte por causa do seu pecado, Cristo inaugurou a nova vida pela justiça. Assim afirma Paulo aos Romanos: "Ora, a lei interveio para que avultasse a falta, mas onde avultou o pecado, a graça superabundou, para que, como imperou o pecado na morte, assim também a graça tomasse conta por meio da justiça, para a vida eterna, através de Jesus Cristo, nosso Senhor" (Rm 5,20-21). O Reino definitivo já começou com Cristo. Acolhemos esse Reino, não como uma possibilidade sonhada, mas sim como uma realidade que, a partir de Cristo, se transmite a todos os seres humanos que confiam em seu poder de amor e misericórdia. Assim, o cristão é a pessoa que, contra todas as barreiras, crê na vitória da vida (cf. 1Cor 15,16).

TEMPO E ETERNIDADE

No tempo da vida, o currículo da vida do cristão que procura se modelar em Cristo Jesus converte-se em via de acesso à eternidade. Tempo e eternidade não se contrapõem para quem encara o caminho da vida com fé, esperança e amor. São João registra as palavras de Jesus: "Eu garanto a vocês: quem ouve as minhas palavras e acredita naquele que me enviou, possui a vida eterna, e não vai a julgamento, porque passou da morte para a vida" (Jo 5,24).

Através do tempo da fé se estabelece atualmente o contato do ser humano com a eternidade divina. Na oração sacerdotal, Jesus se expressa: "Pai, chegou a minha hora. Glorifica o teu Filho, para que o teu Filho te glorifique, pois lhe deste poder sobre todo o ser humano, para que ele dê vida eterna a todos aqueles que lhe deste. Esta é a vida eterna: que conheçam a ti, o único Deus verdadeiro, e aquele que tu enviaste, Jesus Cristo" (Jo 17,1b-3).

Cada batizado é chamado a experimentar, já aqui neste mundo, algo de eternidade. Céu e inferno não são improvisados, mas exercitados no dia a dia do tempo que nos é dado aqui neste mundo. Se o presente decide o futuro e o futuro ilumina o justo modo de viver cristão, como eternidade, nada melhor do que não nos cansarmos de fazer o bem (cf. Gl 6,9), pois só o amor é eterno. Sabemos que o mistério do além é sempre diferente de nossas pobres convicções. Daí a necessidade de termos sempre como referência, em nossa mente, em nosso coração e em nossas ações, a presença viva de Jesus Cristo, que nos garante: "Eu sou a Ressurreição e a vida. Quem crê em mim, ainda que morra viverá. E quem vive e crê em mim, jamais morrerá" (Jo 11,15-16).

ALEGRIA PELA ACOLHIDA DE DEUS

"Na entrada de sua casa, nosso Pai nos espera. E os braços de Deus se abrirão para nós. Quando as portas da vida se abrirem diante de nós, na paz de Deus nos encontraremos. A água que nos deu a vida lavará nosso olhar e nossos olhos verão a salvação de

CREIO *Da mente para o coração e do coração para as mãos*

Deus. Quando chegar o derradeiro dia, ao chamado do Senhor, nos ergueremos, caminharemos em direção à vida. Como em nossa primeira manhã, brilhará o sol e entraremos na alegria de Deus. Amém!" (poema recolhido na França).

"Amém"

Seguindo a lógica e o percurso do Credo Apostólico, vamos encerrar as reflexões dos artigos que o compõem com a significativa palavra "amém". Breve, simples e sempre familiar, a palavra "amém" carrega consigo um significado denso que compromete a pessoa, une multidões e afirma com seriedade o que se falou ou se proclamou. Amém é uma palavra que chegou do hebraico ao grego, ao latim e ao português, sem modificação. O *Catecismo da Igreja Católica* (n. 1.062) diz: "Em hebraico, *amen* está ligado à mesma raiz da palavra 'crer'. Esta raiz exprime a solidez, a confiabilidade, a fidelidade. Assim compreendemos porque o 'amém' pode ser dito da fidelidade de Deus para conosco e da nossa confiança nele". É o pacto da aliança de Javé com seu povo. Jeremias, como mediador, responde: "Amém, Javé!".

"AMÉM" NO ANTIGO TESTAMENTO

No Antigo Testamento, "amém" significa consentimento ao aceitar uma obrigação (cf. 1Rs 1,36; Jr 11,5), ou uma admoestação para que ninguém deixe de cumprir seus compromissos (cf. Nm 5,22; Dt 27,15ss). "Amém" é usado também como fórmula de adesão a um importante desejo ou a uma esperança (cf. Tb 8,8; Jr 28,6). Nesses casos, geralmente se repete duas vezes a palavra "amém". Em certos momentos é uma confirmação de louvor a

Deus, sobretudo no final de uma doxologia ou de uma oração. Com frequência, o "amém" é proclamado na liturgia da sinagoga.

O *Catecismo da Igreja Católica* (n. 1.063) diz: "No profeta Isaías encontramos a expressão 'Deus de verdade', literalmente 'Deus do amém', isto é, o Deus fiel às suas promessas: 'Todo aquele que quiser ser bendito na terra, quererá ser bendito pelo Deus do amém'" (Is 65,16).

"AMÉM" NO NOVO TESTAMENTO

O Novo Testamento serve-se da palavra "amém" como aclamação na liturgia cristã. Paulo escreve aos Coríntios: "Se eu rezo em línguas, meu espírito está em oração, mas minha mente fica sem frutos. O que fazer então? Rezarei com o espírito, e rezarei também com a mente. Cantarei hino com o espírito, e cantarei hinos também com a mente. Pois, se você bendiz apenas com o espírito, como é que o ouvinte, não iniciado, poderá responder 'amém' à sua ação de graças, já que ele não sabe o que você está dizendo?" (1Cor 14,15-16).

Também como aclamação, o "amém" acontece na liturgia celeste. "E eu ouvi as criaturas do céu, da terra, de debaixo da terra e do mar, todas dizendo: 'O louvor, a honra, a glória e o poder pertencem Àquele que está sentado no trono e ao Cordeiro, para sempre'. E os quatro viventes diziam: 'Amém!'. E os anciãos se ajoelharam e adoraram" (Ap 5,13-14).

A resposta "amém" é comum no final das orações e doxologias cristãs também (cf. Rm 1,25; 9,25; 1Tm 1,17; Hb 13,21; 1Pd 4,11; 5,11; Jd 25). Aqui o "amém" é utilizado para suplicar que se cumpram as promessas de Deus. O próprio Cristo é definido como "o amém": "Assim fala o amém, a testemunha fiel e verdadeira" (Ap 3,14).

"AMÉM" NA LITURGIA DE HOJE

Desde sempre se pronunciou o "amém" na liturgia cristã após as orações. Santo Agostinho dizia: "O vosso 'amém' é a vossa assinatura, o vosso assentimento, o vosso compromisso" (*Sermão contra os pelagianos*, n. 3). Há dois momentos em que o "amém" tem sentido particular:

a) Como conclusão da Oração Eucarística, quando a comunidade proclama ou canta para acentuar o que o presidente proclamou em seu nome.

b) Na comunhão, quando o ministro diz: "O Corpo de Cristo" ou "O Sangue de Cristo", e o cristão responde "amém", reafirmando, assim, a sua Profissão e sua adesão ao encontro vivo com o Senhor Ressuscitado.

CONCLUSÃO

Assim conclui o *Catecismo da Igreja Católica* (n. 1.064): "O 'amém' do Credo retoma e confirma as suas primeiras palavras: 'Eu creio'. Crer é dizer 'amém' às palavras, às promessas, aos mandamentos de Deus; é fiar-se totalmente naquele que é o 'Amém' de infinito amor e de fidelidade perfeita. A vida cristã de cada dia será então o 'amém' ao 'eu creio' da profissão de fé do nosso Batismo". Santo Agostinho confirma: "O Símbolo seja para ti como um espelho. Olha-te nele para veres se crês tudo o que declaras crer, e alegra-te cada dia pela tua fé" (Sermão 58, 11, 13).

Decididamente: eu creio! Amém!

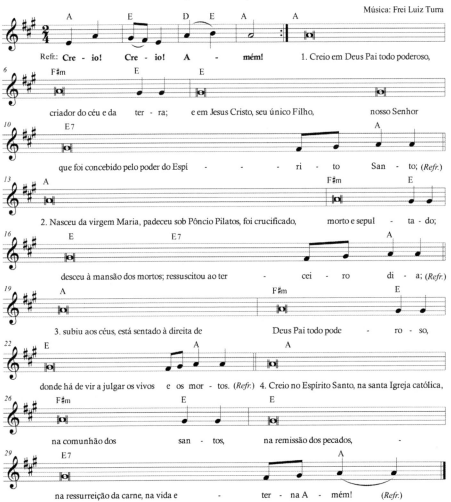

Rua Dona Inácia Uchoa, 62
04110-020 – São Paulo – SP (Brasil)
Tel.: (11) 2125-3500
http://www.paulinas.com.br – editora@paulinas.com.br
Telemarketing e SAC: 0800-7010081